깊은 생각의 비밀

빼앗긴 집중력을 되찾고 당신의 뇌를 최적화할

깊은 생각의 비밀

김태훈·이윤형 지음

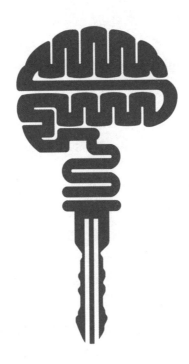

저녁달 × Sapiens island corp.

바야흐로 AI의 시대다. 아마도 이제 이 세상의 인간은 두 부류로 나뉠 것이다. AI를 부리는 사람과 AI가 부리는 사람. 그래서 생각하는 존재인 인간이 생각의 작동 방식을 이해하는 것은 그 무엇보다도 중요해졌다. 인간의 깊은 생각과 생각의 습관에 대해 가장 정확하고 자세하면서도 친절하게 설명해주는 쓸모 있는 매뉴얼을 이제야 만나게 되어 참으로 반갑다. 이 책은 아마도 앞으로 오랜 시간 많은 독자들이 곁에 두고 탐독해야 할 책이 될 것이다. 김태훈 교수와 이윤형 교수, 두 인지심리학자가 작정하고 이를 해내었다. 한국에서도 이런 책을 만나게 되어 고마울 따름이다.

– 김경일, 인지심리학자 · 아주대학교 심리학과 교수

2022년 11월 혜성같이 등장한 챗GPT라는 괴물 때문에 2023년 내내 시끌시끌했는데 이제는 놀라움을 넘어 온통 AI로 도배가 되는 세상을 만난 듯하다. 학생들이 AI로 숙제를 하는 건 기본이고 통역, 번역, 디자인, 법률서비스, 동영상 제작 등 이미 안 되는 것이 없다고 할 만큼 발전 속도가 무시무시하다. 할리우드 작가협회는 챗GPT 사용금지를 내걸고 파업을 했고 우리나라 웹툰 작가들도 AI 보이콧을 했다. 실제로 구글은 AI로 대체 가능한 3만 명의 직원을 정리해고했다. AI 시대에 살아남기 위해서는 어떤 능력치를 올려둬야 할까? 분명한 것은 인간만이 할수 있는 '깊은 생각'이다. 크리에이터가 대본을 쓰든, 그림을 그리든, 영상을 만들든 AI의 도움을 받아 생산성을 올릴 수 있지만 '인간이 좋아할 콘텐츠 발견', '창조적인 사고'는 오롯이 인간의 몫이다. AI 시대일수록 생각하는 힘이 중요한데 우리는 디지털 시대가 되면서 더욱 생각하지 않는다. 아니 어쩌면 생각의 방법조차 모른 채 유튜브 쇼츠만 보는 중이다. 『깊은 생각의 비밀』은 호모 사피엔스인 인간의 뇌로 생각하는 힘을 키우려면 어떤 노력이 필요한지를 인지심리학을 바탕으로 친절하게 알려주는 생각의 방법론이다. 나는 이 책을 읽다가 깜짝 놀랐다. 깊은 생각법도 모르면서 평생 '생각하는 힘'이 중요하다고 외쳐왔다니! AI 공부보다 생각 공부가 먼저다. 이 책을 무조건 읽고 제대로 공부하자.

— 최재붕, 성균관대학교 기계공학부 교수 ·『포노 사피엔스』『CHANGE 9』저자

틀 안에서 알고리즘에 따라 움직이는 AI와 틀 밖에서 딴짓하며 뜻밖의 딴생각을 일삼는 인간 지성, 남의 지식으로 지시하는 인공지능과 자신의 지혜로 지휘하는 인간 지성의 차이를 이보다 명쾌하게 설명하고 통쾌하게 설득하는 책이 있을까.

이 책은 검색만 하고 사색思索하지 않아서 사색死色이 되어가는 현대인들에게, 고정관념이 지나쳐 관념이 아예 고장난 사람들에게 생각함의 역설逆說로 역설力說하는 책이다.

생각은 '불편함'에 대한 항거이자 '괴로움'에 대한 '몸부림'이다. 난리법

석인 격전의 현장에서 진저리치며 주어진 문제에 대한 실마리를 잡으려는 안간힘 속에서 생각은 갈무리되며 심금을 울리는 의견으로 창조되는 법이다.

속도와 효율을 무기로 감탄을 자아내는 AI보다 땀에 젖은 깊은 생각으로 심금을 울리는 생각을 창조하는 인간 지성을 개발하고 싶은 사람들에게 일독을 권하고 싶다.

–유영만, 지식생태학자 · 한양대학교 교수 · 『늦기 전에 더 늙기 전에』 저자

인도 최고의 공대에 입학한 천재들의 유쾌한 반란을 이야기한 영화 <세 얼간이>의 주인공 '란초'는 극 중에서 이런 대사를 했다.

"한 마을에 경비가 있었는데 야간 순찰을 할 때마다 'AAL IZZ WELL(알 이즈 웰).'을 외쳤어. 그래서 마을 사람들은 마음 놓고 잘 수 있었지. 그런데 하루는 도둑이 들었던 거야. 나중에 알고 보니 경비는 야맹증 환자였어. 그냥 오직 'AAL IZZ WELL'이라 외쳤을 뿐인데 마을 사람들은 안전하다고 생각한 거야. 그때 마을 사람들은 깨달았어. 사람들은 쉽게 겁을 먹는다는 것. 그래서 속여줄 필요가 있어. 큰 문제에 부딪히면 가슴에 손을 얹고 이야기하는 거야. AAL IZZ WELL."

'란초'의 대사 AAL IZZ WELL(괜찮아)처럼 생각은 행동으로 이어지고, 행동은 결과를 만들어낸다. 저자는 '생각이 답'이라고 말한다. 나의 답이 모두 정답일 수는 없지만 내 기준에서 나의 답은 정답에 가장 가까

운 답일 것이다. 이 책은 인생의 정답을 찾아가는 여정에 '큰 힘'이 되리라고 생각한다.

– 정민식, CJ ENM CP · 〈어쩌다 어른〉〈김창옥쇼 리부트〉외 기획총괄

깊은 생각의 힘을 발휘해야 할 때

인간은 꽤 오랜 시간 동안 '아는 것이 힘'인 세상을 살아왔다. 그간은 지식이 시대를 선도하는 시기였기 때문이다. 하지만 지식이 어디에나 있는 것, 누구나 쉽게 접할 수 있는 것이 된 지금은 더 이상 '아는 것'만으로는 힘을 발휘하기 어려운 시대가 되었다.

우리가 살아가는 세계는 유례없이 빠른 속도로 변하는 중이다. 우리는 그 변화에 적응하거나 변화를 선도하기 위해 끊임없이 새로운 아이디어를 찾는다. 그런데 지금이 이전과는 다른 시대라고 인식하면서도 여전히 과거의 무기, 즉 아는 것만 사용하고 있는 오류를 범하고 있다. 대부분의 사람들은 지식을 확장하지 않고 이미 알고 있는 지식만 가지고 판단하려 하거나 자신의 주장과 다른 견해나 믿고 싶지 않은 정보는 의도적으로 피하려는 습성에 빠져 있다. 새로운 시대에 맞서기 위해 지금 인간에게 필요한 무기는 무엇일까?

그것은 바로 '생각하는 힘'이다. 호모 사피엔스Homo sapiens가 등장한 이래 약 30만 년 동안 인류는 생각하는 유일한 존재였다. 하지만 생각하는 또 다른 존재, 인공지능이 등장했고 여러 가지 위협 요인을 우려하면서도 앞으로 인공지능과 공존하며 살아갈 수밖에 없는 상황에 처했다.

급격한 변화는 언제나 위기로 인식되곤 하지만 결국 질적으로 완전히 다른, 새로운 도약과 번영을 위한 초석이 되었다. 제1차 산업혁명부터 제3차 산업혁명에 걸쳐 일어났던 변화들이 그 대표적인 예다. 당시 사람들은 달라지는 사회에 적응할 수 있을까 하는 두려움, 일자리를 잃을지 모른다는 불안감에 가득 차 사회의 변화를 상당한 위기로 지각했다. 그러나 그 수많은 변화를 통해 기술이 발전하고 문명이 진보했다. 아동 노동은 점차 사라졌고 교육의 기회가 확대되었으며 더 많은 사람이 더 싼 값에 더욱 많은 것을 누리게 되었다.

이러한 역사를 보았을 때 인공지능으로 대표되는 제4차 산업혁명 역시 인류에겐 한 단계 더 도약하는 초석이 될 가능성이 매우 크다. 하지만 좌절이 아닌 도약으로 만들기 위해서는 새로운 경쟁자가 어떤 존재인지, 인간만이 가질 수 있는 비교우위는 무엇인지 파악해야 한다.

인지심리학자인 필자는, 인간이 인간을 닮은 새로운 경쟁자보다 우위에 있는 면은 바로 '복합적으로 생각하는 능력' 그리고 '자기만의 방식으로 정보를 이해하고 이를 바탕으로 새로운 무언가를 만들어내는 능력'이라고 생각한다. 인간만이 할 수 있는 생각의 본질은 이 두 가지 능력과 깊은 관련이 있다. 그런데 우리는 이 능력을 얼마나 열심히 갈고닦으며 잘 사용하고 있을까?

생각 그리고 생각하는 힘의 중요성을 언급하는 사람은 많다. 그런데 정작 '생각하는 방법'을 제대로 고민해보거나 생각의 특징을 이해하는 사람은 거의 없는 것 같다. 기초 공사를 탄탄히 하지 않으면 튼튼한 건물을 지을 수 없듯, 생각의 방법이나 특징을 모르면 제대로 된 생각을 할 수 없는 것은 너무나 당연하다. 지금 나의 생각은 기초 공사가 제대로 되어 있는지 점검해보아야 한다.

그렇기에 이 책에서는 인지심리학적 관점으로 생각에 대해 살펴보려고 한다. 생각이란 무엇인지, 생각은 우리 머릿속에서 어떻게 작동하는지와 같은 '생각의 본질과 특징' 그리고 효과적으로 생각하는 '생각의 방법', 좋은 생각법을 '방해하는 것'에 대해 차근차근 풀어낼 것이다. 이 책을 통해 여러분이 깊이 생각하는 힘을 키워,

예측하기 힘들고 정의하기 힘든 진짜 문제에 대처하는 능력과 새롭게 문제를 바라보고 최적의 해결 방안을 도출하는 능력을 증진할 수 있기를 바란다.

우리가 앞으로 살아갈 시대는 지금보다 훨씬 더 불확실하고 복잡해질 것이다. 하지만 효과적으로 생각하는 일을 습관화하고 그 힘을 강화해나간다면 미래의 불확실성과 복잡성은 우리에게 위기가 아닌 기회로 다가올 것이다.

2024년 봄

김태훈, 이윤형

차례

✦

생각하지 않는 사회

호모 스키스켄스, 검색 인간의 등장

생각하는 능력은 현생 인류인 호모 사피엔스의 가장 중요한 능력이다. 인간은 생각하는 힘 덕분에 지구를 지배해왔다고 해도 과언이 아니며, 이 힘은 긴 세월 동안 인간을 특별한 존재로 만들어주었다.

하지만 정보통신 기술의 발달 및 인공지능의 등장은 인간이 스스로 생각할 필요 없이 어떤 수단이나 다른 누군가에게 자신의 생각을 위탁할 수 있게 만들고 있다. 이러한 편리함은 분명 우리에게 더 많은 기회를 제공하지만 한편으로는 스스로 생각할 필요성을 감소시킨다는 예기치 못한 부작용도 낳았다. 한마디로 우리 사회는 점점 '생각의 필요성을 느끼지 않는 사회'가 되어가고 있다.

식당에서 사람들이 식사하는 모습을 한번 관찰해보라. 생각하지 않는 사회의 단면을 그대로 볼 수 있다. 외식을 위해 식당에 간 가족들은 대화는 거의 나누지 않고 각자 스마트폰을 보기 위해 고개를 숙이고 있다. 가족끼리 식사를 한다기보다는 누군가를 추모하기 위해 묵념하는 광경에 가깝다. 이 광경은 스마트폰의 사용으로 대화가 단절된 가족을 보여주는 동시에 생각은 덜 하려 하고 스마트폰에 의존하는 우리의 모습을 보여주기도 한다.

지금의 인류는 호모 사피엔스가 아닌 호모 스키스켄스Homo sciscens, 즉 '검색 인간'으로 불러야 할 듯싶다. 대화 중 상대로부터 질문을 받거나 자신이 모르는 개념이나 내용이 나오면 지체하지 않고 스마트폰부터 꺼내 검색하는 행동이 일상처럼 자연스러워졌기 때문이다.

문제는 스스로 생각해보려는 노력을 조금도 하지 않은 채 곧장 스마트폰으로 검색부터 시작한다는 점이다. 과거에는 무언가 궁금한 점이 생기면 전문가를 찾아가 물어보거나 도서관에 가서 관련 문헌을 찾아보는 등 직접 움직이는 방식을 취했다. 자신이 원하는 정보를 알아내기 위해 접촉해야 하는 사람이나 장소, 자료 등을 우선 떠올린 뒤 접근해나갔던 것이다. 스마트폰을 통한 검색에 비해 상당한 노력이 필요한 일이었다.

 정보를 직접 찾고 확인하는 일은 얼핏 비효율적이라 생각할 수 있지만 머릿속 정보들을 꺼내고 외부의 정보들을 받아들이게 만들며 그 과정에서 새로운 생각을 떠올릴 가능성을 높인다는 장점이 있다. 스마트폰 사용은 이러한 가능성을 모두 제거해버린다. 생각하려는 노력을 가치 없는 것으로 여길 뿐 아니라 대화를 통해 얻을 수 있는 부가적인 정보의 획득 가능성까지 점점 줄어드는 시대, 지금 우리는 본의 아니게 그런 시대를 만들어가고 있다.

 생각하려는 노력에 대한 평가절하

 노력은 인류의 역사에서 항상 높은 평가를 받아왔다. 지식 서비스가 널리 퍼지기 전까지만 해도 인간은 시행착오를 감수하면서도 답을 찾기 위해 다양한 시도를 해보려는 노력을 아끼지 않았다. 그리고 그 과정에서 새로운 생각, 더 나은 생각들을 만들어나가며 자연스레 노력의 가치를 확인했다.

 그러나 지식 서비스를 통해 하나의 정답만을 찾는 행위에 익숙해지면서 이런 경향에도 변화가 생겼다. 정답이 갖는 가치만을 평가할 뿐 정답을 찾아가는 과정의 가치에 대한 적절한 평가는 사라지고 있다. 정답을 찾는 연습이야 충분히 이뤄지고 있고 잘하게 되었으나 답이 정해져 있지 않거나 스스로 해답을 찾아야 하는 문제를 접하면 사람들은 당황하고 답답해한다.

더욱 안타까운 점은 빨리 답을 찾는 행위가 학교 교육 현장에서부터 강조된 탓에 사람들이 빠른 정답 찾기를 선호하는 것을 넘어 이제는 답을 찾기 위해 시간을 들여 생각하는 노력의 가치를 쓸데없는 것으로 여기는 경향까지 보인다는 사실이다. 사실 이는 교육 현장뿐 아니라 회사에서도 마찬가지다. 신속한 업무 처리, 효율성, 실적 등을 지나치게 중시하기 때문에 업무와 관련 없는 호기심은 사치스러운 것으로 치부되기 일쑤다.

그런데 효율적이고 신속한 처리가 필요한 업무와 조금은 시간이 걸리더라도 생각하는 노력이 필요한 업무를 분리하여 생각할 필요가 있다. 효율적이고 신속한 처리는 인공지능이 더 잘 수행하는 분야이기 때문에 점차 인공지능에 의해 대체될 가능성이 크다. 앞으로는 결국 시간을 들여 오래 깊이 생각하는 능력을 가진 사람들의 가치가 상승할 것이다. 그럼에도 우리는 이를 놓치거나 간과하고 있다.

지식을 연결하고 통합하는 능력이 필요하다

인간 세상을 지금껏 발전시킨 힘은 전문성과 협력이다. 과거 수렵 및 채집 시대에는 사냥 전문가, 음식 저장 전문가, 은신처 제작 전문가 등이 크게 대접받았다. 이후 자격증이라는 단어로 대변되는 특정 분야의 전문성을 갖춘 전문가들은 20세기까지 사회의 주요 역할을 맡았고 그들이 사회를 전반적으로 이끌어갔다.

리더는 사람들을 이끌 뿐 아니라 다른 구성원들에 비해 지식과 기술이 풍부해서 나누어줄 것 또한 많은 사람을 뜻한다. 이처럼 전문성을 갖고 조직을 이끌어가는 카리스마 있는 리더는 늘 주목받았으며 여전히 이러한 리더를 동경하는 사람들이 많다. 하지만 이제는 어떤 분야에서든 리더가 여타의 조직 구성원들보다 더 많은 지식이나 숙련된 기술을 갖고 있다고 확신할 수 없다. 리더가 특정 분야의 지식이나 기술을 통해 조직을 이끌어가는 시대는 저물었고, 구성원들을 아우르며 함께 나아가는 리더의 자질이 더 강조되고 있다.

리더상에 이어 인재상도 달라지고 있다. 미래에는 '스스로 깊게 생각하는 힘을 가진 사람'이 중요하게 쓰일 것임은 분명하다. 깊이 생각하는 힘은 단순히 지식을 축적하는 것과는 비교할 수 없을 정도로 훨씬 더 큰 영향력을 가지고 있다. 생각하는 인간 호모 사피엔스는 자신이 가진 지식을 서로 연결하고 다른 사람들이 가진 지식과도 연결해나가며 지식의 범위를 확장했다. 이는 인류가 엄청난 발전을 이룬 원동력 중 하나다. 우리가 앞으로 살아갈 새로운 세상은 그 어느 때보다도 지식을 연결하는 일이 더 중요해질 것이다. 따라서 나의 지식을 다른 사람의 지식과 연결하여 통찰하며 통섭에 능한 사람이 각광받을 수밖에 없다.

생각법의 부실한 기초 공사

지식을 연결하고 통찰하기 위해서는 '깊은' 생각을 해야 한다. "나는 생각한다. 고로 존재한다."라는 데카르트의 논리가 무분별하게 사용되면서 인간은 생각하는 일 자체를 너무나 당연한 행위나 능력으로 받아들이고 있다. 하지만 한번 자신의 기억을 되짚어보자. 당신은 생각을 잘하는 사람인가? 생각을 잘하는 방법이 무엇인지 궁금해한 적이 있었는가?

말을 할 줄 아는 것과 말을 잘하는 것은 엄연히 다른 것처럼 누구나 생각을 할 수 있다고 해서 모든 이들이 생각을 잘하는 것은 아니다. 그런데 말 잘하는 방법을 가르치는 학원은 쉽게 찾을 수 있는 데 반해 깊게 생각하는 방법을 알려주는 곳은 찾아보기 어렵다. 생각은 열심히만 하면 잘할 수 있는 것이라고 착각하기 때문이다. '생각하는 방법'에 대한 기초 공사가 잘 이뤄지지 않은 탓에 많은 이들은 생각을 제대로 하고 싶어도 그 방법을 모른다. 교육 현장에서든 업무 현장에서든 생각하는 과정이 아니라 오직 생각의 결과물에 대해서만 평가하다 보니 생각하는 방법을 고민하기보다는 결과물을 찾는 방법에만 초점을 맞추게 된다. 게다가 생각하려는 노력을 평가절하하는 경향과 맞물려 이러한 기초 공사가 점점 더 부실해지고 있다. 지금부터 스스로 깊은 생각을 하기 위해서는 어떻게 무엇을 해야 하는지 하나씩 살펴보자.

1장

생각은 어떻게
작동하는가

생각의 본질은 무엇인가

또 다른
생각하는 존재의 등장

정답이 없는 문제의 해답을 찾고 새로운 아이디어를 만들며 이를 구체화하는 것이 바로 인간이 가진 생각하는 능력이다. 인간은 이 능력을 바탕으로 신체적 약점을 극복할 수 있는 각종 도구를 만들었고 온 지구상으로 퍼져나갔으며 다른 종과의 경쟁에서도 완벽한 승리를 거두었다.

생각은 오랫동안 인간만의 독자적 능력으로 여겨졌고 이 능력 덕분에 인류는 유례없는 번영을 누리고 있다. 그런데 이에 도전하는 새로운 존재가 등장했다. 바로 인간이 개발한 인공지능이다.

1940년대 컴퓨터와 인공지능의 아버지라 불리는 영국의 수학자 앨런 튜링Alan Turing이 기본 개념을 제안한 이래 사람의 생각하는 능력을 닮은 인공지능에 관한 관심은 지속되었다. 비록 이와 관련하여 괄목할 만한 성과가 나타나기까지는 매우 오랜 시간이 걸렸으나 이후의 발전 속도는 눈부셨다.

1997년 IBM이 내놓은 인공지능 컴퓨터 딥블루Deep Blue는 당시 세계 체스 챔피언이었던 가리 카스파로프Garry Kasparov와의 대결에서 승리했다. 2011년 역시 IBM에서 개발된 왓슨Watson은 미국의 TV 퀴즈 프로그램 〈제퍼디!Jeopardy!〉에서 역대 최고 득점 우승자인 브래드 러터Brad Rutter 및 역대 최장기간 우승자인 켄 제닝스Ken Jennings를 꺾고 우승을 거뒀다. 2016년 구글의 인공지능 컴퓨터 알파고AlphaGo는 세계 최고의 바둑 고수 이세돌 9단과의 바둑 대결에서 승리했다.

이때까지만 해도 사람들은 인공지능의 발전은 그 분야 전문가들의 영역이라고 생각했다. 하지만 컴퓨터 언어가 아닌 인간의 언어를 활용한 초거대 AI가 등장했고 우리의 일상생활과 업무에 직접 활용할 수 있게 되었다. 그림이나 동영상을 만들어내는 인공지능 서비스는 등장할 때마다 화제를 모으는 동시에 우려도 불러일으키고 있다. 인공지능 분야의 대부라 불리는, 인지심리학자이자 컴퓨터공학자 제프리 힌튼Geoffrey Hinton 교수는 20년 안에 인간을 능가하는 똑똑한 인공지능이 출현할 것이라고 예측했다. 또한 인공지능이 작정하고 인간을 속이기 시작하면 우리는 알아차릴 수도 없고 막을 방법도 없다며 인공지능의 위험성을 경고하고 있다.

인공지능의 진화로 인해 앞으로 인간이 놀랄 일은 더욱 많아질 것이다. 다양한 사회적 위험을 초래할 수도 있고, 일자리가 사라져 단기적으로 대량 실업을 일으킬 수도 있고, 가짜 뉴스가 범람하여 세상을 시끄럽게 하고 범죄나 전쟁을 도발할 수도 있을 것이다. 하지만 이미 인공지능 시대의 문은 열렸고, 우리는 그 안으로 들어갈 수밖에 없다. 이제 변화의 본질을 이해하고 대전환의 시대에서 살아남아야 한다. 그리고 무엇보다 이 변화를 통해 축을 전환시키고 있는 주체가 바로 인간임을 기억해야 한다.

인공지능은 인간의 사고 능력을 모방하며 발전하고 있지만 인간과 같아질 수는 없다. 인간은 똑같아 보이는 상황에서도 논리성, 합리성, 실효성, 유리성 등등의 기준을 다르게 적용하지만 인공지능에게는 아직 복합적으로 사고하는 능력이 없기 때문이다. 지금 우리가 해야 할 일은 인공지능을 잘 활용하는 것이고 그러기 위해서는 인간 본연의 사고방식의 본질을 들여다보며 깊이 생각하는 힘을 키워야 한다.

손쉬운 지식 습득과
모르는 상태의 소멸

인공지능의 등장은 지식에 대한 기존 통념을 완전히 바꾸는 중요한 지점이 되었다. 이전의 우리에겐 방대한 양의 지식을 데이터베이스로 구축하는 것, 다시 말해 관련 정보를 묶고 태깅tagging한 다음 필요할 때 해당 지식에 쉽게 접근하게끔 만드는 것이 상당히 중요한 작업이었다. 이 작업이 인류 지식의 확장에 큰 도움을 주었다는 점은 분명하다.

그런데 지금은 과거에 없던 지식 서비스가 시작되고 있다. 인공지능이 직접 지식을 찾고 가공하여 필요한 정보나 답을 우리에게 가져다주고 있다. 이는 단편적 지식의 획득이 매우 쉬워지고 있음을 보여준다.

지식을 손쉽게 얻는 일이 가능해졌다는 것은 무언가를 모르는 상태가 점점 소멸하고 있다는 뜻이기도 하다. 그리고 모르는 상태의 소멸은 우리에게 생각보다 큰 영향을 끼친다.

'무언가에 대해 모르는 상태'라는 것은 달리 말해 고민하는 상태, 즉 내가 원하는 정보를 탐색하기 위해 노력하는 상태라고 할 수 있다. 그런데 무언가에 대해 모르는 상태가 사라진다는 것은 탐색 과정에서 새롭고 다른 정보를 획득할 가능성이 줄어들며 획득한 많은 정보를 다양한 방식으로 연결할 가능성이 차단된다는 뜻이다.

대뇌의 수준에서 보자면 연결 확장을 통한 신경망 발달 가능성이 차단될 수 있다는 의미이기도 하다. 이런 상태가 지속되면 인간은 인공지능이 눈앞에 편히 배달해주는 포장된 지식을 그저 단순히 소비하는 존재로 전락할 수도 있다.

이처럼 특정 영역의 기술 및 지식의 소유 여부가 더 이상 중요하지 않으며 인간이 그동안 축적해온 생각의 결과물도 인공지능이 눈 깜짝할 사이에 만들어내는 것이 가능해진 시대가 되었다. 인간이 개발해야 하는 능력은 단연 '생각하는 능력'이다. 이 능력을 키우려면 생각의 방식을 이해하고 차별화된 결과물을 도출해낼 방법에 대한 고민을 먼저 해야 한다.

인간 사고의 본질은
복합 사고 능력

인간 사고의 본질을 정의하는 방법은 무척 다양하며 이를 둘러싼 철학적 논쟁도 많다. 하지만 인간 사고의 본질을 인공지능과 관련해 생각해본다면 어떨까? 인간을 닮은 인공지능도 갖지 못한 특징이 있다면 이를 인간 사고의 본질이라 볼 수 있지 않을까?

예전부터 인공지능의 발전 과정에서 인간이 생각하는 방식을 적용하려는 시도가 이어져왔다. 예를 들어, 자연어 처리 모형의 개발 과정에서 문맥이나 뉘앙스의 처리에 상당히 어려움을 겪은 후 이에 대한 해결 방안으로 인간의 언어 처리 과정을 적용하여 BERT Bidirectional Encoder Representations from Transformer와 같은 언어 모델 제품이 개발되었다. 물론 초기 모형들은 인간 언어의 문맥과 뉘앙스를 이해하는 데 어려움을 겪었지만 최근에는 인간의 언어 처리 과정을 적용하여 감정 분석, 언어 번역, 언어 추론과 같은 광범위한 작업을 할 수 있게 되었다. 인공지능은 처음 개발된 이후 지속해서 발전을 거듭해왔으며 실제로 특정 영역에 국한된 문제를 해결하는 능력은 매우 탁월하다. 반면 다양한 분야에서 유래된 복합적 규칙을 적용해야 하는 문제의 해결에는 여전히 취약하다. 자신이 알고 있는 여러 규칙 중 어떤 것을 문제해결에 적용해야 하는지 모르기 때문이다. 말하자면 인공지능은 문제 상황을 종합적으로 고려하거나 판단하는 것을 어려워한다.

빅데이터를 기반으로 많은 문제를 해결해나가는 인공지능이 만약 대학수학능력시험에 도전한다면 어떤 결과가 나올까? 2024년도 대학수학능력시험 문제를 풀게 했을 때 챗GPT는 영어 시험에서 2등급 정도의 성적을 받았지만 국어와 수학에서는 매우 저조한 성적을 보였다. 그 외에도 다양한 사례들이 있지만 국내외에서 진행된 여러 연구들에 따르면 인공지능은 단순한 질의응답과 문제

풀이에서는 인간보다 뛰어나지만 복합적 사고와 추론의 수행은 현저히 뒤처진다.

인간은 일상생활의 다양한 상황에 처했을 때 각 상황에 알맞은 적절한 규칙을 선택해 제각각 적용하는 능력을 지속적으로 키워왔다. 이러한 복합적 사고 능력은 인간의 가장 큰 무기이며 인공지능이라는 새로운 경쟁자에게는 없는, 인간이 갖는 유일한 강점이라고 할 수 있다.

그런데 이 지점에서 문득 궁금해진다. 인간은 이러한 능력이 필요할 때마다 매번 사용할까? 또 인간은 이러한 능력이 있음을 인식하고 이를 키우기 위해 노력하고 있을까?

틀 안에서 움직이는 인공지능,
틀을 깨는 인간

인간과 닮은 로봇이 나오는 영화 〈아이로봇I, Robot〉에서 주인공은 묻는다.

"로봇이 교향곡을 지을 수 있어? 로봇이 빈 캔버스에 걸작을 만들어낼 수 있어?"

20년이 지난 지금, 최근 발표된 인공지능 관련 연구들은 이 질문에 '그렇다'고 답한다. 마이크로소프트와 렘브란트 하우스 박물관

Museum Rembrandt Huis 그리고 네덜란드 과학자들이 공동 진행한 인공지능 프로젝트 넥스트 렘브란트Next Rembrandt에서 인공지능은 렘브란트의 실제 작품들을 철저히 분석해 극도로 유사한 작품을 그렸다. 또한 한국의 카카오브레인에서 개발한 시詩 쓰는 인공지능 '시아SIA'는 1만 3,000여 편의 시를 읽고 작법을 익힌 뒤 2022년에 시집을 출판하기도 했다. 2022년 11월에 등장한 챗GPT는 요구하는 주제와 스타일에 맞추어 시나리오를 작성하고 심지어는 여러 인공지능을 활용해 광고를 만들기도 한다.

그렇다면 인류는 이제 창작의 영역까지 인공지능에게 내주어야 하는 것일까? 반드시 그렇지는 않을 것이다. 현재까지의 인공지능은 계산과 분석을 통해 유사한 작품을 만들어내는 능력이 있지만 인간에겐 주어진 정보를 자기 나름대로 해석하고 평가한 뒤 이를 바탕으로 완전히 새로운 작품을 창작하는 능력이 있기 때문이다.

다음은 김춘수 시인의 시 〈꽃〉이다. 잠시 이 작품을 읽으며, 여기에서 '꽃'이라는 시어가 갖는 의미를 곰곰이 생각해보자. 아마도 읽는 사람에 따라 상황에 따라 다르게 해석할 것이다.

내가 그의 이름을 불러주기 전에는

그는 다만

하나의 몸짓에 지나지 않았다

내가 그의 이름을 불러주었을 때

그는 나에게로 와서

꽃이 되었다

내가 그의 이름을 불러준 것처럼

나의 이 빛깔과 향기에 알맞은

누가 나의 이름을 불러다오

그에게로 가서 나도

그의 꽃이 되고 싶다

우리들은 모두

무엇이 되고 싶다

너는 나에게, 나는 너에게

잊혀지지 않는 하나의 눈짓이 되고 싶다

이번엔 파블로 피카소의 그림을 살펴보자. 그의 초기 작품은 다른 화가의 작품과 그리 크게 다르지 않았다. 하지만 후에 피카소는 자신만의 해석을 바탕으로 완전히 새로운 작품을 만들어냈다. 다음 두 그림 중 첫 번째 그림은 그가 1910년에, 두 번째 그림은 1962년에 그린 작품이다.

　이 작품들을 보았을 때 어떤 생각이 드는가? 복합적으로 생각하고 자신만의 방식으로 정보를 이해하고 이를 바탕으로 새로운 것을 창출하는 능력이 바로 인간을 인공지능과 차별화시키는 요소다. 그리고 인간 사고의 본질은 바로 이 두 요소와 깊이 관련되어 있다고 할 수 있다. 그런데 우리는 이런 능력을 얼마나 열심히 갈고닦으며 사용하고 있을까?

파블로 피카소, 〈The Good Derain〉, 1910

파블로 피카소, 〈Head of a Woman in a Hat〉, 1962

인공지능의 수준

인공지능의 수준은 어떻게 판별하는 것일까? 이와 관련해 튜링은 「컴퓨터 기계와 지능Computing Machinery and Intelligence」이라는 논문에서 다음과 같이 제안했다.

'컴퓨터와 대화를 나누었을 때 컴퓨터의 반응인지 인간의 반응인지를 구별할 수 없다면, 그 컴퓨터는 인간처럼 스스로 사고thought할 수 있는 것으로 간주해야 한다.'

그의 이름을 딴 튜링 테스트Turing Test는 기계가 얼마나 인간과 비슷하게 대화할 수 있는지를 기준으로 인공지능의 수준을 판별하는 테스트다. 튜링 테스트는 이후 다양한 형태로 변형되었지만 기본적인 원리는 다음과 같다.

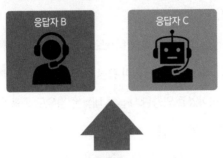

응답자와 질의자는 컴퓨터 화면을 통해 문자로 대화

응답자 B

응답자 C

둘 중 어느 쪽이 사람인지 구분 시도

질의자(심판, A)

두 개의 방 중 하나에는 컴퓨터가, 다른 하나에는 사람이 있다. 심판(A)은 단말기를 통해 각 방에 있는 사람(B)과 컴퓨터(C)와 각각 5분 정도 대화를 한 뒤, 어느 방에 사람이 있었는지를 판단한다. 인공지능이 전체 심판 중 3분의 1 이상을 속이면 튜링 테스트를 통과한 것으로 간주한다.

상당히 간단한 테스트로 보이겠지만 컴퓨터가 튜링 테스트를 처음 통과한 것은 테스트가 개발된 지 65년이 지난 2014년 6월의 일이었다. 최초로 이 테스트의 벽을 넘어선 주인공은 인공지능 프로그램 유진 구스트만Eugene Goostman이다. 유진과 대화를 나눈 심판 25명 중 대화 상대가 진짜 인간이라고 판단한 이는 8명, 즉 33%였다.

사실 유진이 진정으로 튜링 테스트를 통과했는지에 대해서는 논란이 있다. 테스트 당시 유진이 했던 대화를 살펴보면 답변들이 굉장히 기계적이었고 엉뚱한 대답을 내놓은 경우도 종종 있었다. 그럼에도 테스트를 통과할 수 있었던 것은 유진이 자신을 '우크라이나 국적의 13세 소년'이라고 소개했기 때문이었다. 이런 설정 덕분에 심판들은 유진의 답변이 조금 어설프거나 기계적이어도 영어가 모국어가 아니기 때문이거나 혹은 아직 아이이기 때문이라고 이해했다. 즉 유진은 튜링 테스트를 통과하기 위해 인간의 놀라운 해석 능력과 이해 능력 그리고 관대함을 파고들었던 것이다.

EUGENE: Well, I'll read something of your books, If they ain't too tedious which is highly possible :-)

음…. 당신이 쓴 책을 몇 권 읽어 볼게요. 너무 지루하지 않았으면 좋겠어요. 왠지 그럴 것 같긴 하지만 :-)

JUDGE: Grammar... aren't too tedious! A bit rude of you...

문법이 틀렸는데…. ain't가 아니고 aren't! 좀 무례하군….

EUGENE: Calm down, please.

　　　진정하세요.

JUDGE: I assure you. I am very calm… are you?

　　　지금 아주 차분한 상태입니다. 당신은 어떤가요?

EUGENE: Don't even bother me with the fact that you are very calm…

　　　당신이 아주 차분하다는 것에 전혀 신경 쓰이지 않아요.

유진의 대화 예시

✦ 생각해보기

• 당신은 튜링 테스트에 인간 대표로 참여했다. 심판의 첫 질문은 '당신이 사람인지 보여달라.'이다. 당신은 어떤 대답을 해야 할까?

_____

_____

_____

• 이번엔 당신이 튜링 테스트에 심판으로 참여했다. 대화 상대 중 사람과 컴퓨터가 각각 어느 쪽인지 구분하기 위해 당신은 어떤 질문을 던져야 할까?

_____

_____

_____

• 인간은 인공지능보다 어떤 점에서 더 뛰어날까? 인공지능이 넘어설 수 없는 인간의 특징에 대해 고민해보자.

_____

_____

_____

생각의 3단계, CPR

'생각'에 관해
생각해야 할 것들

생각과 관련된 이야기를 본격적으로
풀어놓기 전에 묻고 싶은 질문이 있다.

'생각의 과정'이 체계적으로 이뤄지고 있는지 생각해본 적이 있
는가?
어떻게 하면 '생각하는 방법'을 발전시킬 수 있는지 고민해본 적
이 있는가?

아마 대부분의 사람들은 평소에 이러한 고민을 하지 않을 것이다. 생각은 누구나 언제든 할 수 있는 것으로 여기기 때문이다. 하지만 바로 그 이유로 생각의 방식이 잘못되어 있다는 사실조차 깨닫지 못하고 결정적 순간에 잘못된 판단을 하거나 각종 오류에 빠져, 더 나은 생각을 할 기회를 번번이 놓치고 있다.

새로운 생각, 효과적인 문제해결 방법, 최선의 결정 등은 사실 연습과 훈련의 결과물이다. 그저 가만히 있어도 시간이 지나면 저절로 손에 쥐어지는 게 아니라 구체적인 연습과 훈련을 반복해야 얻을 수 있다. 즉 자신이 지금 제대로 생각하고 있는지 정확히 파악하는 방법과 생각의 품질을 높이는 방법을 익히기 위해 꾸준히 노력하는 사람만이 탁월한 사유와 판단 능력을 가질 수 있다. 이제부터 설명할 '생각 CPR'은 바로 생각하는 법을 익히기 위해 가장 먼저 이해해야 할 개념이다. 생각의 기초 공사 작업이라고 할 수 있다.

생각의 기본 3단계
입력 - 처리 - 인출

인간이 생각하는 단계는 단순하게 정리하면 3단계로 구성할 수 있다. 이를 기반으로 우리는 문제를 해결하고 아이디어를 도출해낸다. 첫 번째는 정보를 인간의 생각 체계에 맞게 입력하는 단계, 두 번째는 입력된 내용을 처리하는 단계, 그리고 마지막인 세 번째는 필요할 때 그 결과물을 꺼내는 단계다.

인간의 실제 사고 과정이 이토록 단순한 것은 아니지만 기본에 대한 이해 없이는 심화 학습도 불가능하니 우리의 궁극적 목표인 고품질의 생각 시스템을 구축하기 위해서 생각의 기본 처리 과정부터 확실하게 이해하고 출발하자.

생각의 기본 3단계는 다음과 같다.

1. 입력Coding: 정확한 관찰을 통한 정보의 입력
2. 처리Processing: 무편향bias-free 시스템 작동을 통한 정보처리
3. 인출Retrieval: 효과적 적용을 위한 인출

이 책에서는 이 3단계를 생각 CPR이라 칭하고, 수준 높은 생각 시스템에서 각 단계가 구체적으로 어떻게 이뤄지는지 자세히 살펴볼 것이다.

① 입력: 정확한 관찰에 기초한 정보 집어넣기

생각 CPR의 첫 단계는 정보를 입력하는 단계, 즉 정보를 머릿속에 집어넣는 단계다. 이와 관련하여 우리가 반드시 기억해둬야 할

것이 있는데, 좋은 생각 시스템이 필요로 하는 정보는 정확한 관찰을 바탕으로 하는 정보라는 사실이다.

살면서 접하는 모든 정보를 빠짐없이 받아들여 입력하는 것은 불가능하다. 따라서 인간은 자신이 주의를 기울이는 정보만 주로 입력하게 되어 있는데, 이 과정에서 오류를 저지르는 경우가 적지 않다. 정작 정확히 관찰해서 입력해야 하는 정보는 자신도 모르는 새 놓쳐버리고 엉뚱한 정보를 집어넣고선 그것을 중요한 정보로 착각하는 경향이 있다는 뜻이다.

어떤 문제를 해결하는 데 있어 정확한 관찰에 기초한 정보가 갖는 중요성은 이루 말할 수 없다. 문제와 무관하거나 부정확한 정보가 입력되었는데 올바른 해결 방안이 도출될 리 만무하기 때문이다.

'나한테 지구를 구할 수 있는 1시간이 주어진다면 55분은 문제를 정의하는 데 쓰고, 나머지 5분은 그 문제를 해결하는 데 쓰겠다.'라는 앨버트 아인슈타인의 말은 문제에 대한 명료한 이해와 올바른 정의가 문제해결의 핵심 요소임을 보여준다. 그 근간은 정확한 관찰에서 도출된 정보다.

② 처리: 무편향 시스템 작동시키기

입력 단계에서 정확한 관찰을 바탕으로 하는 올바른 정보를 입력했다 해도 두 번째인 처리 단계에서 그것을 아무 편향 없이 처리, 즉 해석하기란 사실 말처럼 쉬운 일이 아니다. 인간은 정보를 받아들이는 순간부터 본인의 경험과 기억에 기초하여 그것을 해석하는데, 축적된 경험을 잘못 적용한 탓에 이 해석 과정에서 오류를 발생시키는 경우가 매우 잦기 때문이다.

　당면문제를 해결하기 위해 인간은 흔히 휴리스틱heuristic이라 불리는 생각의 지름길을 자주 활용한다. 항공기 사고가 발생하고 나면 항공편을 거부하고 통계적으로 비행기보다 더 위험한 장거리 자동차 운전을 선택한다든가(역대 사고율과 사고사망율을 분석해보면 비행기 사고가 일어날 확률은 약 0.01%고, 자동차 사고로 죽을 확률은 약 0.87%다. 사고 확률로 보면 자동차가 훨씬 위험한 수단이다.) 옷차림새만으로 사람을 판단하는 등 휴리스틱은 매우 흔하게 사용된다.

　4장에서 좀 더 자세히 살펴보겠지만 이 생각의 지름길은 인간이 진화 과정에서 정보를 효율적으로 처리하고 빠른 결정을 내리는 데 도움을 준다. 하지만 지름길은 때로는 전혀 엉뚱한 길로 인도하기도 한다. 생각의 지름길도 마찬가지여서 휴리스틱의 지나친 사용은 사전에 이미 알려진 정보나 사건에 대한 확률을 고려하지 않고 지나치게 일반화된 판단을 하게 만들거나 작은 표본에서 나타난 결과를 과장되게 해석하게 하고 고정관념과 편견에 의존해 결정하게 하는 등 다양한 오류의 가능성을 증가시킨다. 게다가 효율성을 강조하다보면 주어진 정보를 충분하게 살펴보기보다는 속도에 치중하게 되며, 이는 무언가에 대해 깊이 생각해서 결론을 도출하는 과정을 방해하기도 한다.

'그때 조금 더 신중하게 생각할걸.'

'내가 왜 그걸 놓쳤지?'

이는 효율성 추구의 부작용을 보여주는 대표적인 표현이다. 이러한 부작용이 발생하면 자연히 문제해결에 최적화된 올바른 판단과 결정을 할 수 없다.

③ 인출: 인출 훈련을 통해 정보를 효과적으로 적용하기

인출 단계에서는 해석한 정보를 문제해결에 효과적으로 적용하는 과정이 이뤄진다. 이전 단계들을 거쳐서 얻은 생각의 결과물을 실제 행동으로 구현하는 단계인 셈이다.

안타까운 사실은 이 단계가 당연히 쉽게 할 수 있는 것으로 여겨진다는 점이다. 정확한 관찰에 따라 정보를 입력하고 그것을 편향 없이 해석하면 인출 과정은 자연히 이뤄질 것이라고 생각해서 인출 단계를 위한 별도의 훈련을 딱히 하지 않는다. 하지만 아무리 좋은 생각도, 아무리 새롭고 창의적인 아이디어도 행동으로 옮기지 않는다면 별 의미가 없다. 궁극적으로 문제를 해결하는 것은 생각 그 자체가 아니라 그것을 바탕으로 도출된 능동적 행동 혹은 능동적 전략이다.

우리는 흔히 해결책을 제시하면서 '이미 다 생각해봤어.'라는 말을 하곤 하는데, 이때 제안하는 방안은 실현 가능성을 구체적으로 확인해보지 않는 경우가 대부분이다. 제시한 해결책을 실제로 적용해보면 그 과정에서 많은 오류를 만나게 되는 것이 일반적이다. 즉 머릿속에만 있는 생각은 인출한 적이 없어 실천 방안이 명확하지 않고, 상황과 맥락을 고려하지 않고 과거 경험에 의존하여 적용하다 보면 오류가 발생할 가능성이 크다.

입력은 기존의 생각 시스템에 정해진 형태와 방식으로 정보를 맞추어 넣는 작업인 반면 인출은 저장된 정보 중 필요한 정보를 능동적이고 적극적으로 찾아 꺼내는 작업으로 충분한 단서가 없거나 단서를 적용하는 훈련이 되어 있지 않으면 불가능하다.

역사적으로 위대한 업적을 이룬 학자와 연구자들은 그러한 능력을 타고났다는 오해를 받곤 한다. 특히 위인전에 익숙한 우리는 그들 대부분이 특별한 능력을 가지고 태어난 것으로 착각한다. 그러나 여러 연구를 통해 확인된 그들의 공통점 중 하나는 바로 쉴 새 없는 연습과 습작이었다. 대표적인 사례로 피카소를 들 수 있는데, 피카소는 그의 훌륭한 작품뿐만 아니라 엄청난 양의 습작으로도 유명하다. 즉 지속적인 인출 연습이 결국 위대한 작업을 만드는 데 중요한 밑거름이 되었다는 것을 보여준다.

이를 전략의 선택에 적용해보면 최적의 전략을 선택하기 위해서는 가능한 대안들을 지속적으로 양산하고 이에 대한 평가를 진행하여 최적의 대안을 찾아내야 한다는 결론에 도달할 수 있다. 이러한 과정을 통하지 않고 가장 적절한 전략을 찾는다는 것은 우연적 발견에 기대는 것과 별반 다를 바 없는 일이다. 실제로 양산한 전략의 수가 증가할수록 최종적으로 선택하는 전략의 품질 역시 우수할 가능성이 높다는 것은 이미 여러 연구를 통해 증명되었다.

창의적인 디자인 컨설팅 그룹으로 알려진 IDEO에서는 다음과 같은 말로 양산의 중요성을 강조했다.

> 한 가지 생각에(혹은 세 가지 생각이어도) 얽매이지 마라.
> 팀이 5개 이상의 해결책을 반복해서 적용할 때 성공적으로 일을 시작할 가능성이 50% 더 높다.
> Don't get stuck on one (or even three).
> When teams iterate on five or different solutions, they are 50% more likely to launch successfully.

'무에서 유를 창조한다'는 말은 일종의 신념의 표현일 뿐 실제 가능하지 않음에도 불구하고 우리는 놀라운 업적을 창출한 사람을 치켜세우는 말로 자주 사용한다. 하지만 그들의 업적에 이르는 과정을 분석해보면 엄청난 양의 습작과 실패한 아이디어들이 있었고 이를 기반으로 꾸준하게 노력했다는 사실을 확인할 수 있다. 실패를 두려워하지 말라는 말은 다양한 의미를 가질 수 있는데, 이를 생각과 관련해 일상에 적용해보면 결과에 얽매이지 않고 끊임없이 생각을 쏟아내야 하고 이에 대한 평가를 진행해야 한다는 의미로 해석할 수 있을 것이다.

생각의 차별화를 위해서는 생각 CPR을 통해 내가 제대로 생각하고 있는지를 계속해서 확인 및 점검하고 그전까지 놓친 부분이 무엇인지 파악하며 수정해나가는 활동을 해야 한다. 이 과정을 부단히 연습하고 습관화한다면 우리의 최종 목표, 즉 문제해결에 필요한 '수준 높은 사고력'과 '최선의 결정 능력'을 얻을 수 있을 것이다. 구체적이고 꾸준한 노력만이 이러한 결과물을 가져다준다는 진리를 항상 기억하자.

생각 CPR은 정확한 관찰에 기반한다. 그래야 문제를 제대로 정의할 수 있고 올바른 정보를 시스템에 입력할 수 있다. 다음으로 생각의 지름길을 사용한다는 점을 인식하고 판단 과정에서 발생할 수 있는 오류의 가능성을 최소화해야 한다. 마지막으로 생각을 꺼내는 것을 두려워하지 않아야 한다. 생각을 행동으로 옮기는 것만이 더 나은 생각을 하게 만들어준다. 틀려도 답을 말하려고 애쓸 때 학습이 더 잘 된다는 생성 효과generation effect, 확신에 차서 이야기한 답이 오답인 경우에도 추후 이를 확인하면 관련 정보가 더 오래 남는다는 과잉 교정 효과hypercorrection effect 등은 생각을 꺼내 는 연습이 얼마나 중요한지 알려주고 있다.

생각하는 습관도
평생 간다

'생각은 무의식 중에 늘 하는 것인데 습관의 대상이 될 수 있는 걸까?'

당연히 이러한 의문이 들 것이다. 여기서 말하는 생각하는 습관 은 막연히 떠오르는 생각이 아니라 '생각하는 방식의 습관'을 말한 다. 생각 CPR은 우리가 생각할 때 사용해야 하는 습관이다.

새로운 프로젝트를 시작할 때 가장 먼저 해야 하는 작업 중 하나 는 프로젝트를 진행할 방식을 정하는 것이다. 진행 방식을 제대로 정해놓지 않으면 내내 문제가 생기고 소통에 어려움을 겪을 수 있 으며 좋은 결과물을 기대하기도 어렵다. 생각도 마찬가지다. 생각 하는 방식을 습관으로 만들어놓으면 문제에 맞닥뜨릴 때마다 어 떤 방식으로 접근해야 할지 고민할 필요가 없어진다. 또한 생각하 는 과정에서 인지적 자원의 사용을 줄이게 되어 문제해결 자체에 더 많은 자원을 투자할 수 있게 된다. 접근방식에 대한 고민을 줄이고 온전히 문제해결에 자원을 집중할 수 있다면 효율적인 처리는 물론이고 좋은 결과물을 도출할 가능성도 자연스레 커질 것이다. 현명하게 생각을 잘하는 사람들은 이미 생각 CPR을 사용하여 일하고 있다.

인간의 생각 시스템

착시 현상이
발생하는 이유

　　　　　문제해결에 필요한 생각이든 일상에
서 하는 생각이든, 생각이란 것이 과연 어떤 원리와 시스템으로
작동하는지 알아보자. 우선 우리의 눈과 뇌가 정보를 얼마나 부정
확하게 인식하는지 단적으로 나타내는 실험을 살펴보려고 한다.
　다음 그림에 나와 있는 A와 B의 색을 비교해보자.

아델슨의 체커 무늬 그림자 착시. A와 B는 각각 어떤 색일까?

A와 B는 서로 다른 색깔인가? 혹시 둘 중 하나의 색이 더 어두워 보이는가? 그렇다면 인터넷에서 '아델슨의 체크무늬 그림자 착시 Edward H. Adelson's checker shadow illusion'로 검색해서 나온 그림을 다운로드 받은 뒤 인쇄해서 A 칸과 B 칸을 오려 나란히 놓고 오려내기 전과 어떻게 달라 보이는지 살펴보자. 그다음엔 이 둘을 원래의 그림에 다시 넣되 그 위치를 서로 바꿔보자. 이번에는 둘의 색이 어떻게 보이는가?

이와 유사한 실험을 한 번 더 해보자. 다음 그림의 한가운데에 가로로 놓인 막대의 색이 어떻게 보이는지, 그리고 배경의 큰 사각형을 가린 뒤에도 여전히 같은 색으로 인식되는지를 살펴보는 것이다. 이 과정을 몇 번 반복해보자.

첫 번째 그림에 있는 A 칸과 B 칸을 오려내 비교하면 둘의 색이 같다는 것과 두 번째 그림에서 배경을 가리고 막대만 보면 왼쪽에서 오른쪽으로 갈수록 색이 짙어지는 게 아님을 쉽게 확인할 수 있다. 그럼에도 A와 B를 기존 그림에 다시 넣은 뒤 보면 처음에 그랬듯 두 칸의 색이 서로 달라 보일 것이다. 두 번째 그림의 배경을 가리지 않은 채 막대를 다시 봐도 처음과 마찬가지일 것이다.

이 실험에서 알 수 있듯 착시 현상에 속았음을 깨달은 뒤 다시금 그 대상을 바라본다고 해도 우리는 처음에 지각한 것에서 벗어나기 어렵다. 이런 현상은 우리 뇌가 눈을 통해 사물을 보는 방식 때문에 벌어진다. 그림자나 어두운 배경 안의 물체를 보면 뇌는 실제로 우리 눈에 보이는 것보다 훨씬 더 밝다고 인식한다. 즉 눈을 통해 들어오는 정보를 그대로 받아들이는 게 아니라 다양한 주변 맥락을 고려하여 판단하는 것이다. 조금 전 실험에서 맥락의 영향을 직접 경험한 것처럼 말이다. 뇌에서 작동하는 이러한 시스템은 우리가 대상을 정확히 인식하고 이해하는 데 방해가 되기도 한다. 흥미로운 점은 우리가 무언가에 대해 생각할 때 작동하는 사고思考 시스템에도 이런 면이 있다는 것이다. 다음은 사고 시스템에 대해서 알아보자.

생각의 두 가지 시스템
빠른 사고와 느린 사고

우선 다음의 두 질문을 읽고 답이 무엇일지 생각해보자.

① 야구 배트 한 개와 야구공 한 개의 가격을 더하면 11,000원이다. 야구 배트는 야구공보다 1,000원이 비싸다. 그렇다면 야구공은 얼마일까?

② 어떤 기계 5대가 제품 5개를 만드는 데 5분이 걸린다면, 100대의 기계가 100개의 제품을 만드는 데는 얼마의 시간이 걸릴까?

인지심리학자이자 노벨 경제학상 수상자인 대니얼 카너먼Daniel Kahneman에 따르면 인간의 생각 시스템은 크게 둘로 나뉜다. 바로 빠른 사고fast thinking 시스템과 느린 사고slow thinking 시스템이다.

빠른 사고 시스템은 자동적이고 빠르게 작동하며 숙련된 반응을 이끌어내고 인지적 측면에서 매우 효율적이라는 장점이 있다. 우리의 뇌는 과거의 판단과 행동에서 비롯된 결과를 평가해 관련 정보를 이 시스템에 저장해놓고 후에 유사한 상황에서 다시 그것을 활용하려 한다. 축적된 경험적 지혜를 바탕으로 작동하는 이 시스템은 우리의 판단 및 결정 과정이 효율적으로 이뤄지도록 돕는다. 하지만 자동적이고 빠르게 처리하기 때문에 때로는 우리를 쉽게 착각에 빠뜨리거나 맥락에 좌우되게 만들기도 한다.

이와 달리 느린 사고 시스템은 여러 요소를 다양하게 고려하여 분석한다. 이 시스템은 깊이 생각하게 해주어 빠른 사고 시스템에 비해 상대적으로 오류를 적게 일으킨다는 장점이 있다. 하지만 에너지를 많이 소모한다는 단점도 있다. 그래서 인간은 평소에는 가능한 한 이 시스템을 사용하지 않으려 하고 오직 필요하다고 판단될 때만 가동하려 한다.

다시 앞의 문제로 돌아가보자. 문제 ①의 답은 500원이다. 하지만 1,000원이라고 답하는 사람이 꽤 많다. 조금만 찬찬히 생각해보면 누구나 쉽게 풀 수 있는 문제다. 그럼에도 대개 처음 읽는 순간 쉽게 답을 정하고, 한 번 정한 이후에는 더 이상 깊이 생각하지 않는다. 어떤 문제를 보면 우선 빠른 사고 시스템을 이용해 쉽게 풀어보려 하고, 그 방법으로 충분하다고 판단되면 그 이후엔 굳이 많은 에너지를 소모하는 느린 사고 시스템을 사용하지 않으려는 인간의 성향 탓이다. 그러다 보니 일상생활에서 우리가 멀쩡히 잘 처리할 수 있었던 일을 간혹 어이없게 망쳐버리기도 한다.

　우리는 일반적으로 빠른 사고 시스템에 지나치게 의존한다. 그래서 충분히 맞힐 수 있다고 판단되는 쉬운 문제를 접할 땐 오히려 느린 사고 시스템의 분석적 능력을 활용해 실수 없이 정답을 찾아내는 것이 올바른 방법이다.

정보가 많으면
선택도 잘할까

　　　　　　　　　우리는 문제가 복잡하거나 어렵다고 느끼면 비로소 심사숙고의 느린 사고 시스템을 작동시킨다. 하지만 이 시스템을 모든 문제의 해결에 활용하려 드는 건 바람직하지 않다. 어려운 문제는 대개 느린 사고 시스템을 작동시킨다고 해도 답을 찾기 어렵기 때문이다. 인간의 정보처리 능력에는 한계가 있어 주어진 정보도 모두 처리하지 못한다. 게다가 에너지를 많이 소모하고 상당한 노력을 들여야 해서 쉽게 지치기도 한다.

확실한 이해를 위해 이번에도 한 가지 실험을 해보자. 오른쪽의 세 그림 중 마음에 드는 그림 하나를 가져갈 수 있다면 무엇을 선택할지 생각해보는 것이다.

어떤 그림이 되었든 마음속으로 선택했다면 이제는 왜 그 그림을 선택했는지, 왜 마음에 들었는지 이유를 자세히 설명해야 한다. 그러니 각 그림에서 마음에 드는 점을 다시 한번 곰곰이 생각하고 마지막 결정을 내려보자.

그림을 좋아하는 이유에 대해 묻지 않을 때, 대부분의 사람들은 모네나 고흐의 그림이 좋다고 말하며 두 그림 중 하나를 선택한다. 하지만 좋아하는 그림을 고르되 이유를 설명해야 한다고 하면 모네나 고흐의 그림이 좋다고 했던 사람들도 고양이 그림을 선택한다. 고양이 그림이 좋은 이유는 "내가 고양이를 좋아하니까요." "고양이가 귀여워서요." 같은 이유를 쉽게 댈 수 있지만 모네 그림이나 정적인 고흐 그림이 좋은 이유는 적절한 설명을 만드는 작업을 해야 하기 때문이다.

이렇듯 쉽지 않은 문제에 맞닥뜨리면 인간은 심사숙고하기 위해 느린 사고 시스템을 작동시키기 마련이다. 그러나 이 시스템에 지나치게 의존해야 하는 상황이 되면 최선이라고 생각하는 선택 대신 최선이라고 '설명'할 수 있는 것을 선택하는 경향이 증가한다.

위에서부터 클로드 모네, 〈Impression: Sunrise〉, 1872

빈센트 반 고흐, 〈Irises〉, 1889 ㅣ 고양이 그림, 출처: 프리픽 이런 경향이 올바른 판단을 방해한다는 점은 굳이 설명할 필요가 없을 것이다.

1991년 심리학자 티머시 윌슨Timothy D. Wilson과 조너선 스쿨러 Jonathan W. Schooler는 흥미로운 실험을 진행한 논문을 발표했다. 이들은 두 그룹의 학생들에게 여러 브랜드의 잼jam을 내놓으며 각 제품을 평가해달라고 요청했다. 첫 번째 그룹의 학생들에게는 잼을 시식한 후 왜 그 잼이 좋은지 혹은 싫은지에 대한 이유를 적은 다음 1~9점 사이의 점수로 평가하라고 했고, 두 번째 그룹의 학생들에게는 잼을 맛 본 후 곧바로 1~9점 사이의 점수를 매기라고 했다. 그런 뒤 두 그룹의 평가가 전문가들의 평가와 얼마나 다른지 살펴보았다.

그 결과 전문가들의 평가와 더 큰 차이를 보인 쪽은 첫 번째 그룹이었다. 시간을 들여 좀 더 생각을 했으니 더 정확하게 판단을 했을 것이라고 예상했을지 모르겠다. 하지만 선택의 이유를 적어야 한다고 요청했을 때 오히려 평가가 더 부정확했다. 비전문가가 자신이 선택한 이유를 설명해야 하면 별로 중요하지 않은 차이에 주목하게 될 수 있고 그것이 오히려 올바른 판단을 방해한다는 사실을 보여준다.

사회심리학자인 폴 안드레아센Paul Andreassen이 1987년에 진행한 실험도 주목할 만하다. 그는 두 그룹의 학생들에게 주식 투자 포트

폴리오를 선택하게 한 뒤, 각 그룹의 수익률을 비교했다. 한쪽에는 제한적 정보(가격 등락)만을, 다른 쪽에는 뉴스 등 여러 관련 정보를 제시했다.

그 결과 다양한 정보를 제공받은 쪽이 주식 매매 횟수가 훨씬 많았으나 수익률은 오히려 더 낮았다. 이들은 각종 정보에 필요 이상으로 주목한 탓에 나쁜 소식에는 지나치게 절망하고 좋은 소식에는 과하게 낙관적으로 반응하는 경향을 보였다.

이러한 사례는 최선의 선택을 하기 위해 모든 정보를 다 고려하고 분석하려는 시도가 느린 사고 시스템에 지나치게 의존하게끔 만든다는 점을 보여준다. 또한 이 시스템이 필요 이상으로 활성화되면 예상외로 판단력을 저해할 가능성이 있다는 사실도 확인할 수 있었다.

생각하는 능력은
기술이다

인간의 생각은 빠른 사고 시스템과 느린 사고 시스템이 상호작용하며 이뤄지는 결과물이다. 우리의 궁극적 목표인 '깊은 생각'은 이 두 시스템을 올바르게 활용할 때 갖추어지므로 우리가 지향해야 하는 바도 이제 보다 명확해졌다. 우리는 많은 정보보다는 정확한 정보에 주목해야 하며 최선의 선택과 최고의 결정을 위해 두 사고 시스템의 장점을 최대한 활용하고 단점은 효과적으로 보완해야 한다.

앞에서 생각 CPR을 설명할 때 생각의 기초 공사라는 표현을 썼는데, 그 바탕엔 '생각하는 능력은 재능이 아닌 기술'이라는 의미가 깔려 있다. 생각하는 능력이 타고난 재능에 좌우된다면 굳이 기초 공사를 할 필요도 없다. 그저 그 재능이 충분히 발휘될 수 있게끔 지원만 해주면 된다.

사람들은 마이클 조던이나 김연아와 같은 슈퍼스타들은 탁월한 재능을 가졌기 때문에 성공했다고 생각한다. 하지만 그들은 뛰어난 재능도 가졌지만 누구보다도 열심히 노력했다. 김연아의 아름다운 기술과 연기 뒤에 엄청난 노력이 있었다는 것은 이제 어느 정도 알려져 있다. 반면 '에어 조던'이라 불리는 마이클 조던에 대해서는 놀라운 점프력과 탁월한 운동 능력만 주목할 뿐 그가 얼마나 열심히 노력하는 선수였는지에는 그리 관심을 두지 않는 것 같다.

마이클 조던은 대학에서도 뛰어난 실력을 발휘했지만 NBA에서 선수 생활을 시작하자마자 발군의 득점 능력으로 많은 사람들의 찬사를 받았다. 하지만 그는 곧 득점 능력에 비해 수비 능력이 부족하다는 비판을 받기 시작했다. 그는 이미 압도적인 득점왕이었지만 비판을 무시하지 않고 수비 연습에도 집중했고 '올해의 수비 선수'상까지 받으며 최고의 수비 선수에도 이름을 올렸다. 그런데 이번에는 마이클 조던이 소속되어 있던 시카고 불스가 번번이 플레이오프에서 탈락하자 그의 리더십 역량이 도마 위에 올랐다. 마이클 조던이 개인 역량은 뛰어날지 몰라도 팀을 제대로 이끄는 리더 역할을 못한다는 것이었다. 하지만 그는 이내 주변 동료들의 실력까지도 끌어올리는 강력한 리더십을 발휘해 팀을 3년 연속 우승으로 이끌고 NBA 정상에 올려놓았다.

　다시 한번 강조하자면 생각하는 능력은 기술이기 때문에 비록 결과가 당장 가시적으로 보이지 않는다 해도 이 기술을 발전시키기 위해 끊임없이 갈고닦으며 훈련해야 한다. 그러려면 대체 어떻게 해야 하는지 궁금하겠지만 이에 관한 이야기는 뒤에서 하기로 하자. 그보다는 행동과 생각의 습관을 먼저 살펴봐야 하니 말이다.

인지정보처리 시스템

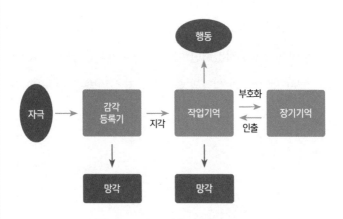

위 그림은 심리학자 리처드 앳킨슨Richard Atkinson과 리처드 시프
린Richard Shiffrin이 1968년에 제안한 인지정보처리 모형에 근거하
여 우리가 어떻게 정보를 처리하는지를 나타낸 것이다.

감각등록기 Sensory Register

환경으로부터 눈과 귀와 같은 감각수용 기관을 통해 정보가 들어오면 아주 짧은 시간 동안 감각등록기에 머무르게 된다. 주위에 많은 자극이 존재하고 또 감각등록기의 용량이 무한하지만 지속 기간이 매우 짧기 때문에 감각등록기에 들어온 수많은 자극은 정보처리자가 그 자극에 주의집중을 하지 않으면 곧 유실된다. 따라서 정보처리는 주의집중을 함으로써 시작된다.

주의 Attention

우리의 인지능력은 처리 용량이 제한되어 있고, 이러한 처리 용량의 제약 때문에 우리가 감각등록기에 들어온 모든 정보를 다 처리할 수 없다. 따라서 불필요한 정보는 제외하고 중요한 정보를 선택하여 선택적으로 주의를 집중할 필요가 있다. 만약 중요한 정보가 아니라 불필요한 정보에 주의를 집중하게 되면 중요한 정보는 처리가 안 된다. 회의가 끝나고 나서 핵심적인 내용은 잘 기억나지 않고 사소한 내용만 기억이 난다면 불필요한 정보에 주의를 기울이고 있었다는 뜻이다.

지각 Perception

지각은 주의를 받은 정보에 의미와 해석을 부여하는 과정이다.

지각은 객관적인 것이 아니라 주관적인 것이다. 그러므로 특정한 정보를 어떻게 받아들이느냐는 현재 내가 가지고 있는 지식의 양과 과거 경험의 정도에 크게 좌우된다.

누구나 한 번쯤은 눈사람을 만들어봤을 것이다. 눈사람 만들 때를 떠올려보자. 가장 먼저 크고 작은 눈덩이를 만들어야 한다. 눈덩이를 만들기 위해 처음에는 손바닥만큼의 작은 눈 뭉치를 만들고 이를 굴리다 보면 눈덩이가 점차 커져 간다. 그런데 처음 눈덩이를 만들고 굴릴 때는 너무 작아서 잘 뭉쳐지지도 않고 부서지기 쉬워서 크기를 키우기가 쉽지 않다. 그러나 작은 눈덩이가 조금씩 커질수록 눈덩이가 커지는 속도는 점점 더 빨라진다. 처음에 시작할 때는 눈덩이가 작지만 점점 표면적이 넓어져서 눈이 붙는 양도 많아질 뿐만 아니라 눈이 잘 달라붙기 때문이다. 업무에 대한 지식도 이와 같다. 전문 영역의 기본 개념이나 용어를 하나씩 하나씩 차근차근 공부해나가다보면 어느 순간 기초지식이 쌓여 그에 대한 새로운 내용을 접하더라도 이해하기가 쉬워지고 부담감도 많이 줄어든다는 것을 느낄 수 있다. 슬프게도 인지정보처리의 기본 원칙은 빈익빈 부익부다.

작업기억 Working Memory

작업기억은 컴퓨터의 CPU와 마찬가지로 정보를 처리하는 중앙

처리 장소다. 작업기억은 처리 용량에 한계가 있지만 훈련을 통해 한계를 극복할 수 있다. 작업기억의 한계를 극복하기 위해서는 연습을 통한 습관화가 가장 좋은 방법이다. 습관화가 되면 정보처리의 속도가 증가하며 특별히 의식하지 않아도 자동적으로 처리할 수 있게 된다.

장기기억 Long-term Memory

장기기억은 무한한 정보를 영구적으로 저장할 수 있는 곳이다. 무제한의 정보를 장기간이나 평생 동안 저장할 수 있기 때문에 많은 심리학자들은 장기기억을 도서관의 장서 보관 체제에 비유한다.

도서관에 책들이 무질서하게 쌓여 있다면 내가 필요한 책을 찾는 데 시간과 에너지가 너무 많이 소요될 것이다. 도서관과 마찬가지로 장기기억에 존재하는 정보도 유의미한 범주로 조직화하여 체계적으로 저장해놓지 않으면 나중에 필요한 정보를 찾아내거나 가지고 있는 정보들을 연결하여 새로운 생각을 만들어내기가 어렵다.

따라서 정보를 처리하여 저장할 때는 개별적인 정보들을 각기 따로 두고 처리하는 것보다 정보들을 유의미하고 일관성 있게 묶어서 처리하는 것이 좋다. 또한 장기기억은 네트워크 구조로 형성되므로 여러 정보들을 서로 관계를 지어 이해하려고 노력해야 한다.

하지만 이러한 조직화 및 정교화는 자신의 특성에 맞게 하는 것이 중요하다. 자신에게 맞는 체계에 따라 생각들을 분류할 때 가장 효과적으로 정리될 수 있다.

부호화Encoding와 인출Retrieval

부호화란 새로운 정보를 장기기억 속의 다른 정보와 연결하는 과정을 의미하며 인출은 장기기억 속의 정보를 작업기억으로 불러서 처리하는 과정을 의미한다. 효과적인 부호화와 인출을 위해서는 정보처리 수준과 정교화 수준을 높여야 한다.

정보처리 수준과 정교화 수준을 높이려면 정보를 여러 가지 방식으로 재구조화해보고, 내용들 간의 비교를 통해 차이점과 유사점을 찾고 적용 사례를 찾아보는 것이 좋다. 자신이 이해한 것을 설명해보면 자신이 그 내용을 제대로 이해했는지 아닌지 알 수 있다.

2장

생각을 습관으로
만드는 법

행동 습관은 어떻게 만들어지는가

호텔보다
집이 편한 이유

우리가 하는 생각과 행동 대부분은 습관이다. 걷기, 먹기와 같은 기본적 활동은 물론 아침에 일어나 불을 켜고 화장실에 가고 양치질하는 활동에도 모두 습관이 작용한다. 이러한 습관은 에너지를 효율적으로 쓸 수 있게 하고 다른 중요한 일에 주의를 집중하게 하는 장점이 있다. 인간이 생각과 행동을 습관화할 수 없다면 하루하루를 살아가기가 너무나 힘들 것이다.

다른 지역으로 출장을 갔다고 가정해보자. 당신은 첫날의 힘든 업무를 모두 마친 뒤 호텔 객실로 돌아와 잠이 들었다. 새벽에 눈을 떴을 때 침대에 앉은 채 잠시 생각한다.

'이 방의 전등은 어떻게 켜는 거지?'

'내가 어제 칫솔을 어디에 두었더라?'

'오늘 신을 양말도 분명히 여행 가방에서 꺼내긴 했는데 어디에 있지?'

내가 사는 집에서는 눈 감고도 불을 켤 수 있고 냉장고 문을 열 수도 있다. 뭐가 어디에 있는지 알고 있기 때문에 일상적인 활동을 하느라 신경을 쓰지 않아도 된다. 이것이 바로 비좁고 누추하더라도 내 집을 호텔보다 편하게 느끼는 이유다. 집에서는 아무 생각 없이 빠르게 했던 일인데 호텔에서는 행동 하나하나에 에너지를 쓰게 된다. 이렇게 일상적인 일에 에너지를 많이 사용하면 막상 중요한 업무를 시작하는 시점에서는 에너지가 부족해질 수 있다. 스티브 잡스가 어떤 자리에서든 항상 청바지에 검은색 터틀넥 차림을 고수했던 것도 옷 고르는 데 사용하는 에너지를 최소화하고 싶어 했기 때문이다.

시간과 에너지를 절약하고 일의 속도와 효율을 높여준다는 면에서 일상적 습관의 대부분은 우리에게 유용하다. 어떤 일이 몸에 익어 습관이 되면 이전보다 에너지를 덜 쓰고, 이렇게 절약한 에너지는 다른 곳에 사용할 수 있기 때문이다.

새로운 습관이
필요한 이유

　　　　　한편으로 우리의 일상적 습관과 그에
따른 행동은 우리 삶의 질을 결정하는 중요한 요인이다. 주기적으
로 꾸준히 운동하고 규칙적으로 식사하는 습관을 들인 사람은 그
렇지 않은 사람보다 신체가 건강한 것이 당연하다. 또 시간을 계획
적이고 알차게 사용하는 사람과 그리 생산적이지 않은 일에 많은
시간을 할애하는 사람의 미래는 어느 정도 차이가 날 것이라고 짐
작할 수 있다. 이처럼 습관은 현재의 일상과 미래의 방향에 큰 영
향을 끼치는 중요한 요소다.

　유용한 습관은 성공을 낳고 성공은 만족감을 가져다준다. 따라서
성공을 경험한 사람은 자신을 성공으로 이끌어준 기존의 습관을
유지하려고 할 것이다. 하지만 현재 상태보다 더 발전하고 싶거나
변화를 주고 싶은 시기에는 기존의 습관이 성장과 변화를 가로막
는 장애물로 작용할 가능성이 크다. 지금까지 지켜왔던 규칙 중에
는 분명히 필요한 것도 있다(예컨대, 신호등이 빨간불일 때 정지하는
규칙). 그러나 어떤 것들은 기존의 관점을 수용하기만 해서 새로운
생각을 방해할 수 있다.

　지금껏 인류가 이룬 수많은 발명을 살펴보면 해당 분야의 전문
가보다 오히려 다른 분야의 사람들이 발명에 기여한 경우가 많았

다. 왜 그럴까? 그 분야에 익숙해진 사람들은 모든 규칙과 제한을 잘 알기 때문에 그것이 도리어 제약이 될 때가 있다. 그러나 전문 분야 밖의 사람은 그러한 제한을 의식하지 않고 완전히 새로운 생각을 할 수 있다.

벤젠Benzene의 분자구조를 발견한 독일의 화학자 케쿨레Friedrich August Kekulé von Stradonitz의 예는 기존의 관점을 벗어난 새로운 생각의 중요성을 보여주는 좋은 사례다. 기존의 보편적인 분자구조인 사슬 모양의 원자 결합으로는 벤젠의 분자구조를 밝힐 수가 없을 때 케쿨레는 파격적인 육각형 모양의 구조식에 관한 논문을 발표했다. 그는 자신이 꾼 꿈에서 해결책을 찾았다고 주장했다. 케쿨레의 꿈속에서 원자들이 길게 열을 지어 뱀처럼 움직이고 있었는데 그 뱀 중 한 마리가 자기 자신의 꼬리를 꽉 문 채 눈앞에서 맴돌았다고 한다. 물론 실제로 꿈 때문이었는지는 명확하지 않지만, 케쿨레는 당대에 아무도 생각하지 않던 파격적인 가설을 세우고 결과적으로 벤젠의 구조식을 밝힐 수 있었다. 내연 기관 중심의 기존 자동차 산업의 패러다임에서 벗어나 전기차 산업을 일으킨 테슬라 자동차 회사의 사례도 기존의 관점과 규칙에 도전하여 성공을 거둔 좋은 사례다.

일상적 습관은 뇌 에너지를 효율적으로 사용하는 데 도움을 주지만 너무 익숙해진 습관은 더 높은 단계로 도약하거나 새로운 변화를 시도하지 못하고 현재에 안주하게 만든다. 그래서 새로운 습관을 만들어야 할 필요가 있다. 그러려면 우선 습관이 어떻게 만들어지는지를 이해해야 한다. 다음은 새로운 습관이 만들어지는 시스템에 대해 이야기해보자.

습관을 형성하는
고 스톱 시스템

텍사스 대학교 심리학과 교수 아트 마크먼Art Markman에 따르면 인간의 습관은 두 가지 시스템에 의해 형성된다. 행동을 촉진하는 고go 시스템과 행동을 멈추게 하는 스톱 stop 시스템이다.

고 시스템은 행동의 수행을 돕는다. 이 시스템을 처음 작동시키는 데는 상당한 노력이 필요하지만 반복적으로 활성화되면 큰 노력 없이도 자동으로 작동하기 때문에 습관 형성으로 이어진다. 스톱 시스템은 마치 자동차의 브레이크처럼 전에 하던 행동을 중단하게 한다. 고 시스템과 마찬가지로 스톱 시스템의 작동에도 의식적 노력이 필요하며 에너지 소모도 크다.

습관으로 이미 형성되어 있는 행동(예: 흡연)을 멈추려면 당연히 스톱 시스템으로 해당 행동을 억제해야 한다. 여기에서 끝나는 게 아니라 기존 고 시스템(예: 흡연)의 작동을 대체할 새로운 고 시스템도 만들어야 한다. 그런데 새 시스템을 만드는 데는 많은 에너지가 필요하다.

또한 금연이나 다이어트를 위한 금식처럼 특정 행동을 하지 않는 것은 일반적으로 스톱 시스템에 크게 의존한다. 하지만 이렇게 습관화된 행동을 억제하기 위해 상당한 에너지를 요구하는 스톱 시스템을 작동시키는 것은 적절한 방법이 아니다. 담배를 피우는 행동이나 먹고 싶은 것을 먹는 행동을 스톱 시스템으로 억제한다고 해서 그에 대한 욕구까지 사라지는 것은 아니기 때문이다. 욕구의 발현을 지속적으로 억누르면 그로 인해 에너지가 고갈되며, 부족한 에너지로 인해 스톱 시스템을 계속 작동시키는 것이 어려워진다. 그 결과가 폭식이나 흡연일 것은 자명해 보인다. 우리가 금연이나 다이어트에 도전했다가 쉽게 실패하는 이유다.

차가 움직이지 않게 하는 가장 좋은 방법은 애초에 출발하지 않는 것이다. 이미 출발한 차를 멈추게 하려면 가속페달에서 발을 떼고 브레이크를 밟아야 한다. 그런데 과속 중에는 자칫 브레이크가 제대로 작동하지 않는 위험이 발생할 수도 있다.

스톱 시스템도 이와 마찬가지다. 아예 처음부터 습관을 들이지 않았다면 모를까 과식, 폭식, 잦은 간식 섭취 등 이미 안 좋은 습관으로 자리 잡은 특정 행동을 더 이상 하지 않으려면 스톱 시스템이라는 브레이크를 밟아야 하는 것이다. 그러나 앞서 말했듯 이 브레이크를 작동시키는 데는 상당량의 에너지가 필요하다.

때문에 '○○ 안 하기'란 목표를 세우기보다는 아예 그 습관이 발현되지 않도록, 다시 말해 그 행동 쪽으로 '가지 않는no-go' 환경을 만드는 편이 좋다. TV를 보면서 군것질하는 습관을 바꾸고 싶다면, 스톱 시스템을 작동시켜 군것질을 안 하려고 애쓰기보다 집에 있는 과자를 모두 치우는 편이 더욱 효과적인 방법이란 뜻이다. 이렇게 환경적 변화를 통해 좋지 않은 습관적 행동의 발현을 줄이고 나면 기존 습관을 대체할 새로운 습관을 만드는 일도 훨씬 수월해진다.

고 시스템은 특정 행동을 하게 만드는 시스템으로, 그 행동이 점차 습관으로 자리 잡게 도움을 준다. '○○ 안 하기'와 같이 행동을 중단하게 하지는 않는다. 이건 전적으로 스톱 시스템의 몫이다. 따라서 이전엔 없던 습관을 만들려면 '○○ 안 하기'가 아니라 '△△을 하기'와 같은, 다시 말해 고 시스템이 작동할 수 있는 목표를 세워야 한다. 가령 다이어트를 원하는 경우엔 '아침 안 먹기'나 '군것질 안 하기'보다는 '채식하기'나 '엘리베이터 대신 계단 이용하기'와 같은 목표를 정하는 식이다.

습관을 안착시키는
과정목표

또한 새로운 습관을 만들고 싶다면 결과목표보다는 과정목표를 세우는 편이 효과적이다. 다이어트에 실패하는 주된 이유 중 하나는 '5킬로그램 감량하기'와 같은 결과목표를 정해놓는 것이다. 설사 다이어트에 성공한다 하더라도 이러한 결과목표를 달성하고 나면 목표를 이루기 위해 했던 행동의 동기가 약해진다. 그래서 다시 이전 체중으로 돌아가는 요요 현상이 나타날 가능성이 크다. 반면 '매주 2회 헬스장 가기'와 같은 과정목표는 그 성과로서 체중을 감량한 뒤에도 꾸준히 지속되기에 일정 체중을 유지하는 데 도움을 준다. 결과목표를 세우고 행동을 시작했더라도 결과를 얻고 난 후에는 일련의 행동 양식이 남아 있어 습관을 형성할 수 있게 되는 것이다.

✦ 생각해보기

자신에게 어떤 행동 습관들이 있는지 곰곰이 생각해보고 그 목록을 만들어보자. 사소하다고 여기는 습관까지도 일단은 모두 적어야 한다.

그중 시급하지 않은 일과 관련된 것, 중요한 일이나 자신의 개인적 목표와 관련된 것으로 분류해보자. 더불어 지금은 갖고 있지만 앞으론 없애고 싶은 습관, 반대로 지금은 없지만 앞으론 갖고 싶은 습관을 적어보자.

_____

_____

_____

_____

_____

_____

_____

_____

생각에 대해 생각해보기

내가 만약
지휘자라면

        이런 상상을 한번 해보자. 당신은 앞으로 오케스트라를 이끌어나가야 하는 지휘자다. 그리고 오늘은 처음으로 한자리에 모인 오케스트라 단원들과 인사하고 첫 합주 연습을 시작하는 날이다. 당신은 그들과 무슨 이야기부터 나누고 어떤 행동부터 시작하겠는가? 아마 우선은 파트별로 구분하여 자리에 앉히고 아직 서로 잘 모르는 단원들을 위해 자기소개와 인사를 하게 한 뒤 그들이 연주해야 할 노래를 소개한 후 비로소 연습을 시작할 것이다.

 '생각하기'도 지휘자가 하는 이 일련의 과정과 크게 다르지 않다. 정돈되지 않은 생각들, 산발적으로 떠올랐다가 스치듯 흘러가버리는 생각들을 정리하지 않는 건, 마치 파트 구분 없이 연습실에 뒤섞여 앉아 있는 오케스트라 단원들과 함께 합주 연습을 하는 것과 같다. 이런 상황을 지휘자가 정리해주지 않는다면 어떤 연습도 어려울 것이다. 그렇다면 생각은 어떻게 지휘할 수 있을까?

질문을
바꿔라

　　　　　　　　　어떤 문제가 발생했을 때 그에 대한 해답이 뻔한 건 대개 그 문제에 대한 질문과 접근방식이 뻔하기 때문이다. 질문과 접근방식이 기존과 별반 다르지 않다면 이미 익숙한 방법을 통해서 그 문제에 접근하기 마련이고, 그 결과 새로운 생각과 해결책을 얻을 가능성은 줄어든다. 반면 문제에 대해 새로운 질문을 던질 수 있다면 새로운 생각과 틀로 그 문제를 이해할 수 있다.

 이해를 돕기 위해 한 가지 상상을 해보자. 당신은 여러 사람과 어떤 강 근처에 도착했는데 강가에서 안내자가 이렇게 말한다.

"이 강은 사람의 접근이 금지되어 있습니다."

이 말을 들은 당신의 머릿속엔 어떤 질문들이 떠오를까?

아마도 저마다 다른 질문을 떠올렸을 것이다.

'왜 금지되었을까?'

'금지된 이 강에는 무엇이 있을까?'

'이 강 건너편에 무언가가 있기 때문일까?'

다양한 질문을 떠올리며 궁금해할 수 있다.

각자의 질문에 따라 저마다 다른 생각이나 행동을 하게 될 것이다. '왜 금지되었을까?'라는 질문을 떠올리면 그 강과 관련된 과거 기록을 조사하는 행동으로, '이 금지된 강에 무엇이 있을까?'라는 질문을 떠올리면 은밀하게 탐험대를 조직하는 행동으로 이어질 것이다. 또 '강 건너편에 무언가가 있기 때문일까?'라는 질문은 건너편을 바라볼 수 있도록 높은 구조물을 세우는 행동을 유발할 수 있을 것이다. 즉 주어진 사실이나 상황에 대해 각기 다른 질문들이 떠오를 것이고 질문에 따라 전혀 다른 해결책과 결과물이 도출될 것이다.

질문을 바꾸면 이전과는 다른 혹은 남들과는 다른 생각과 해결의 틀을 가질 수 있다. 만약 어떤 문제를 접했는데 무슨 질문을 해야 할지 잘 모르겠다면 처음으로 돌아가 해당 문제와 관련한 가장 근본적인 원리가 무엇인지 물어보자. 가능하다면 타인에게 묻기보다는 먼저 자기 자신과 질문을 주고받자.

생각의 관리자,
메타생각

인공지능이 등장하기 전, 지구상에서 고차원적 생각을 하는 유일한 존재는 인간이었다. 높은 지능을 가지고 있고 그 사실을 인식할 수 있는 능력까지 갖추고 있는 유일무이한 존재였다는 뜻이다. 그런데 이런 개념은 높은 지능을 가진 또 다른 존재, 인공지능이 등장하면서 무너져버렸다. 따라서 현시점에서 우리는 지능과 인식을 분리해서 볼 필요가 있다.

지능과 인식의 분리는 아직 개념적으로 명확하게 정립된 상태가 아니지만 일상에서는 쉽게 경험하고 있는 부분이기도 하다. 인간은 무언가에 대해 생각하면서 동시에 자신이 지금 생각하고 있는 것이 무엇인지를 모니터링(인식)한다. 이처럼 스스로의 생각에 대해 생각할 수 있는 능력은 오직 인간에게만 있다.

인간이 갖는 인식 능력은 개개인에게 큰 영향을 미친다. 자신의 생각을 모니터링하고 지속적으로 수정해나갈 기회를 제공하기 때문이다. 그러나 보다 주목해야 하는 것은 이 능력이 집단에 미치는 영향이다. 집단의 인식 능력을 바탕으로 인간은 단순히 무언가를 생각하는 데에만 그치지 않고 서로의 생각과 의도를 파악, 공유함은 물론 공동의 지향점을 설정하고 필요에 따라 그것을 조정해나간다. 인간이 상호 협업을 할 수 있게끔 해주는 것이 바로 이러한 인식 능력이다.

우리는 어떤 생각을 많이 할까? '손흥민은 토트넘을 떠나야 할까?' '이제 곧 점심시간이네. 오늘은 뭘 먹을까?'와 같은 것에서부터 '우리 조직은 어떤 사업을 미래 목표로 삼아야 할까?' 등 다양한 생각을 한다.

그런데 그중 실제로 중요한 사안이나 정말 고민해야 하는 주제와 관련된 생각은 어느 정도의 비중을 차지할까? 이 질문에 답하기 위해 생각하다 보면 한 가지 깨닫게 되는 점이 있다. 인간은 자신에게 그리 중요하지 않은 생각을 하는 데 시간을 자주 또 많이 쓴다는 것이다(손흥민 선수의 미래는 물론 매우 중요하지만 우리가 고민한다고 바뀌지는 않을 것이다).

우리는 왜 지금까지 주로 어떤 생각을 하며 사는지 잘 모르고 있었을까? 그것은 먹다, 자다와 같은 행동과는 달리, 생각은 실제로는 눈에 보이지 않고 자신의 생각을 판단하고 평가할 기회를 가져본 적도 거의 없기 때문이다. 이렇게 보면 생각하는 방법을 개선하고 발전시키기 위해 노력해본 경험이 없는 것도 당연하다.

그런 우리에게 필요한 것이 바로 메타생각meta-thinking이다. 메타

생각은 '나는 어떻게 생각하고, 어떤 생각을 많이 하며, 어떤 생각을 하고 싶고, 어떤 요인이 내 생각을 방해하는가'에 대한 생각으로 정의할 수 있다. 말하자면 메타생각은 자신의 생각을 관찰, 계획, 통제 및 제어하며 양질의 생각을 하는 데 있어 매우 중요한 역할을 담당하는 '생각의 관리자supervisor'에 해당한다.

　메타생각을 활용하면 사고력을 더 효과적이고 풍부하게 발전시킬 수 있다. 평소에 자신의 생각과 감정을 의식적으로 관찰하고, 자주 질문을 던지며 왜 그런 생각을 하는지 고민해보고, 새로운 주제에 대해 학습하고 지식을 확장하는 것 등은 메타생각을 활용하는 방법들이다.

<앙 질문을 바꿔라 편〉

✦ 생각해보기

당신은 클라우드 서비스 회사에서 근무한다. 그런데 어느 날 회사로부터 클라우드 서비스를 이용하지 않는 사람들의 이유가 무엇인지 알아내라는 지시를 받았다.

당신은 이 문제에 대한 답을 어떻게 찾아낼 것인가? 인터넷 검색으로? 아니면 고객 대상의 설문조사를 통해서? 설문조사를 진행한다면 어떤 질문과 선택지를 만들어 넣을 것인가? 인터뷰를 통해서? 인터뷰를 진행한다면 누구에게 어떤 질문을 할 것인가?

_____

_____

_____

_____

_____

_____

_____

_____

생각을 위한 행동 습관 만들기

나만의
보상 찾기

　　　　　습관의 형성 고리에서 보상은 반드시
필요한 핵심 요소다. 그런데 보상의 적용 방식과 종류에 따라 습
관 형성의 가능성이 달라질 수 있다. 일반적으로 금전적인 보상은
단순 과제를 수행할 때만 효과가 있다. 창의적이고 새로운 과제를
수행할 때는 별다른 효과를 보이지 않으며 오히려 추상적인 보상
(예: 직위, 시간 등)이 훨씬 더 큰 효과를 낸다. 또한 보상에서 가장
중요한 것은 자신에게 맞는 맞춤형 보상이다. 특히 생각하는 습관

과 같은 새로운 습관의 형성을 위해서는 자신만의 보상을 찾는 작업이 반드시 수반되어야 한다. 습관과 관련해 반드시 명심해야 할 것은 이미 형성된 습관을 없애기는 거의 불가능하다는 사실이다. 한번 만들어진 습관은 뇌에 새겨지고, 뇌는 늘 가던 길만 가고 싶어 하기 때문이다. 따라서 안 좋은 습관을 없애는 노력보다는 새로운 습관을 형성하여 기존의 습관을 대체하는 방식으로 대응해야 한다.

휴식 시간에 군것질을 하는 습관을 가지고 있는 사람이 의외로 많다. 그런데 그 이유를 살펴보면 휴식을 취하기 위해 휴게 공간이나 정원으로 가는 경로나 해당 장소에 편의점이 있어 자연스레 들러 군것질을 하게 되고 이러한 행동이 반복되면서 습관이 형성된 경우가 대부분이다. 이때 경로나 장소를 바꾸거나 새로운 보상을 찾는 방법으로 기존의 습관을 대체할 수 있을 것이다.

핵심습관
작동시키기

인간의 생각과 행동은 기본적으로 습관화되어 있으며, 습관적인 생각과 행동에 의존하게 된다. 이러한 방식으로 작동하는 이유는 인간이 에너지와 인지적 자원을 아끼는 방향으로 진화해왔기 때문이다. 게다가 습관화를 통해 인지적 자원의 사용을 줄이면 동시에 가용한 자원을 다른 작업에 할당할 수 있는 여유를 만들어줄 수 있기 때문에 좀더 효율적인 방식으로 작동할 수 있게 된다.

따라서 업무를 효율적으로 처리할 수 있는 방법은 습관을 가동하는 것이고 그중에서도 중요한 과제는 핵심습관이 작동하게 만드는 것이라고 할 수 있다. 핵심습관이란 내가 가지고 있는 다른 습관에도 연쇄적인 반응을 일으킬 수 있는 만큼 영향력이 큰 습관을 말한다. 과제나 과업의 목표를 정하면 이를 달성하기 위해서 필요한 자신만의 핵심습관을 가동해야 한다. 예를 들어, 취미로 아침에 달리기를 하기로 했다면 아침에 일찍 일어나는 습관을 만들어야 하고 일찍 일어나려면 일찍 자는 습관이 있어야 하며 일찍 자려면 저녁은 가볍게 먹는 습관을 들여야 한다. 이때 달리기라는 핵심습관이 연쇄 반응을 통해 여러 가지 좋은 습관을 만들어냈다.

습관화된 행동은 이유 없이 나타나지 않는데, 예를 들어, 면접과 같은 불안하고 긴장된 상황에서 다리 떨기와 같은 습관화된 행동이 나타나는 이유는 그 행동이 불안감과 긴장감을 낮출 수 있는 긍정적인 효과가 있기 때문이다. 평소에 불안도가 높은 사람이라면 명상이라는 핵심습관을 만들어 마음을 차분히 가라앉히고 여유를 만드는 습관들을 만들어갈 수도 있다. 따라서 목표를 정확히 인식하고 이와 관련된 핵심습관을 가동해야 의도치 않은 행동을 차단하고 목표를 이룰 수 있게 된다.

먼저 작은 목표를
달성하는 것부터

행동주의 심리학의 중요한 개념 중 하나로 '학습된 근면성'이란 것이 있다. 한 가지 일을 열심히 해서 어떤 성취를 이루고 나면 그러한 노력이 다른 일을 하는 데까지 확산한다는 개념이다. 이와 반대되는 '학습된 무기력'도 있다. 여러 번 시도하고 노력해봤음에도 끝내 실패한 경험은 다른 일에서도 자신감과 의욕을 떨어지게 해 결국 열심히 하지 않게 만든다는 개념이다.

습관의 형성 과정에 대해서는 많은 연구자들이 '행동을 유발하는 단서의 포착 – 반복되는 행동 – 보상'의 고리로 표현하는 데에 동의하고 있다. 습관의 형성 고리를 적용할 때 특히 중요한 것은 생각이나 행동 전체를 습관화하는 무모한 시도를 지양해야 한다는 것이다. 작은 단위의 생각이나 행동의 습관화를 통해 점차 큰 단위로 나아가는 것이 효율적이므로 습관화가 필요한 생각과 행동을 기본적이고 구체적인 절차로 세분화한 후 단계적으로 진행해야 한다.

새로운 습관의 형성에도 같은 원리가 작용한다. '매일 1시간씩 운동하기'처럼 거창한 목표를 세우면 실제로 달성할 확률이 낮아 실패를 경험하기 쉽다. 따라서 보다 현실적이고 작은 규모의 목표를 세우는 편이 효과적이다. 이를 잘 모른 채 커다란 목표로 실패를 반복하면 습관 형성은 어려울 것이다. 심지어 계획을 세우는 단계에서부터 '난 어차피 지키지 못할 텐데…' 하는 생각이 들기도 한다.

그리고 자신이 가진 가장 나쁜 습관부터 고치려 하는 경우도 많은데 이 역시 실패로 이어질 위험이 크다. 더 나쁜 습관일수록 그것을 없애는 데 더 많은 의지와 노력이 요구되기 때문이다.

따라서 고치기 어려운 습관이 있다면 그것과 관련이 있는 상대적으로 교정이 쉬운 습관부터 손을 대는 편이 좋다. 먼저 스톱 시스템이 아닌 고 시스템을 사용할 수 있는 목표, 예를 들어, '정리하는 습관 들이기'를 설정한다고 해보자. 모든 주변 환경을 한꺼번에 정리하려 하기보다는 '아침에 일어난 뒤엔 침대 정리하기'와 같이 작은 행동부터 시작하는 것이 좋다. 이것을 성공하면 이후에는 정리할 수 있는 범위가 책상, 옷장, 방 전체 등으로 점차 확장되어 원하는 방향으로 습관을 형성할 수 있을 것이다.

이미 습관화한 행동을 새롭게 형성하려는 습관과 연결하는 것도 좋은 방법이다. 매일 아침 비타민 한 알씩을 먹고 싶은데 이를 자주 잊는다면, 매일 아침 반복적으로 하는 다른 행동과 연결해서

'날씨 확인 전에 비타민 먹기' 같은 규칙을 만드는 것이다. 아침 운동을 결심했을 때 마침 매일 일어나 라디오를 켜는 습관이 있다면 라디오를 켜고 가벼운 스트레칭을 하겠다는 식의 규칙이 도움이 될 것이다.

새로운 습관 형성에 방해가 될 만한 요소를 미리 제거하고 반대로 도움이 될 요소는 미리 준비해두는 것도 중요하다. 아침에 운동하는 습관을 갖고 싶다면 밤에 과음하는 일을 자제하고, 잠들기 전엔 항상 침대 옆에 운동복을 미리 준비해놓는 식이다. 이런 준비를 미리 해두면 이튿날 아침에 일어나 운동해야 한다는 사실을 잊지 않음은 물론 운동을 위해 밖으로 나가는 일이 보다 쉬워진다.

크리에이티브 루틴
만들기

행동의 습관화는 눈에 보이기 때문에 성공과 실패를 쉽게 확인할 수 있다. 그래서 큰 업적이나 성과를 이룬 사람들은 행동의 습관화를 한눈에 확인할 수 있는 여러 가지 방법을 사용해왔는데 그중 대표적인 것이 크리에이티브 루틴 creative routine이다.

크리에이티브 루틴은 하루 중 미리 정해둔 시간이 되면 특정 목

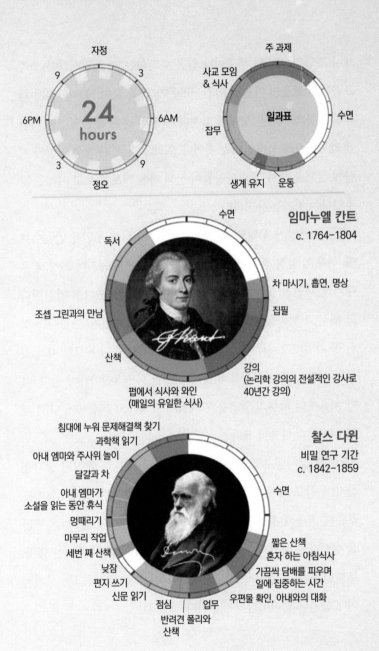

자정

9   3

6PM **24 hours** 6AM

3   9

정오

주 과제

사교 모임 & 식사

일과표 수면

잡무

생계 유지   운동

임마누엘 칸트
c. 1764-1804

수면

독서

차 마시기, 흡연, 명상

집필

조셉 그린과의 만남

강의
(논리학 강의의 전설적인 강사로
40년간 강의)

산책

펍에서 식사와 와인
(매일의 유일한 식사)

찰스 다윈

비밀 연구 기간
c. 1842-1859

침대에 누워 문제해결책 찾기
과학책 읽기
아내 엠마와 주사위 놀이
달걀과 차
아내 엠마가
소설을 읽는 동안 휴식
멍때리기
마무리 작업
세번 째 산책
낮잠
편지 쓰기
신문 읽기

수면

짧은 산책
혼자 하는 아침식사
가끔씩 담배를 피우며
일에 집중하는 시간
우편물 확인, 아내와의 대화

점심   업무

반려견 폴리와
산책

표나 과업과 관련된 생각이나 일을 수행하는 것을 지칭한다. 91쪽 그림에서 보듯이 아침형 인간이라든가 잠을 줄여 하루를 길게 사용하는 등의 특징은 보이지 않는다. 중요한 점은 항상 일정한 시간에 계획적으로 움직인다는 것이다. 일례로, 칸트가 항상 일정한 시간에 산책을 해서 마을 사람들이 산책 나온 칸트를 보고 시계를 맞추었다는 일화는 유명하다.

이들을 본받아 우리도 자신만의 크리에이티브 루틴을 만들어보자. 하루의 일정 중 나를 위한 생각의 시간을 만들기에 가장 좋은 때가 언제인지 찾아보는 것이다. 무언가를 해보겠다고 결심했다고 해서 그 행동을 수행할 시간까지 저절로 생기는 일은 없다는 것을 꼭 기억하자. 시간은 언제나 부족하기 마련이니 목표한 바가 있다면 그것을 위한 시간을 의도적으로 만들거나 찾아내야 한다. 다만 처음부터 하루의 일정을 지나치게 세세하고 복잡하게 나눠 계획하면 실패 확률이 크다.

그렇게 찾아낸 시간에는 자신의 장기적 목표와 관련된 생각을 하자. 생각도 복리이자와 같아서 당장은 큰 효과를 보이지 않아도 꾸준히 지속해나가면 엄청난 성과를 거둘 수 있다. 단, 이런 루틴을 정했다고 해서 하루도 빠짐없이 매일 지키려고 할 필요는 없다. 무리한 계획은 필연적으로 실패하기 마련이고 반복되는 실패는 이내 습관이 되어버리기 때문이다.

그러니 우선은 '매일' 대신 '주 2~3회'처럼 현실적으로 성공하기 쉬운 정도의 루틴을 만들고 그것을 천천히 몸에 익히는 데 집중하자. 이 과정을 거쳐 습관화하는 데 성공하면 나중에는 별 노력을 기울이지 않고서도 저절로 하게 될 테니 말이다.

<핵심습관 작동시키기 편>

✦ **생각해보기**

좋은 습관을 기르기 위한 첫 번째 단계는 해당 행동을 최대한 구체적으로 세분화하는 것이고, 핵심습관을 탐색하고 행동 계획을 세워야 한다. 본인이 만들고 싶은 습관을 이와 같은 방법으로 설정해보자.

_____

_____

_____

<크리에이티브 루틴 만들기 편>

✦ **생각해보기**

모든 큰 결과는 작은 출발에서 시작한다는 진리는 생각하는 방법을 발전시키는 데도 마찬가지로 적용된다. 그러니 우리도 작지만 중요한 출발을 해보자. 나는 주로 어떤 생각을 많이 하고, 어떤 방식으로 생각할까? 더 나은 생각을 위해 고쳐나가야 할 부분은 무엇이고, 이를 위해서 무엇을 시작해야 할까?

_____

_____

_____

_____

3장

문제의 정의와
개념화를 통한
생각 트레이닝

생각을 가로막는 문제들

성과주의의
폐해

열심히 일해서 성과를 낸 사람에게 더 많은 보상을 주는 성과주의는 여러 면에서 인간 사회의 성취를 높여준 것이 사실이다. 그러나 한편으론 여러 폐해도 초래했는데, 그중 하나가 속도와 효율성에 대한 지나친 강조다.

속도와 효율성은 지난 세기까지 중요한 논점 중 하나였다. 특히 기계화 및 자동화로 대변되는 산업의 변화는 이 개념들의 가치를 지나치게 과대평가했다고 해도 과언이 아니다. 그 결과 문제를 정확히 파악하지 않은 상태에서 빠르게 해결책을 찾으려는 경향이 강해졌고, 지금까지도 이러한 사상이 폭넓게 퍼져 있다.

'시작이 반이다.'라는 말은 다양한 의미로 해석할 수 있다. '무언가를 시작하는 것 자체가 어렵다.' 혹은 '일단 시작하는 것이 중요하다.'는 뜻이 될 수도 있다. 그런데 문제의 정의와 이해의 측면에서 보자면 '정확한 정의와 이해가 이뤄진다면 반은 성공이다.'라는 뜻으로 읽힐 수도 있다.

문제를 올바르게 정의하고 이해하지 않은 상태에서의 출발은 마치 잘못된 방향으로 쏘아버린 화살과 같다. 초반에는 그 차이가 미미해 보이지만 시간이 갈수록 차이가 벌어져 돌이킬 수 없는 상황에 이를 수 있다는 뜻이다. LA에서 뉴욕으로 출발한 비행기가 비행 항로를 3.5도 변경하면 최종적으로 워싱턴 DC에 도착하게 된다고 한다. 출발한 지 얼마 되지 않은 시점에서는 원래의 항로로 날아가는 비행기와 위치상 크게 차이가 나지 않겠으나 시간이 흐르면서 그 차이가 점점 벌어지는 탓에 종국에는 전혀 다른 지역에 도착하는 것이다. 이러한 점을 염두에 두고 '문제의 정확한 정의와 이해'라는 주제에 접근해보자.

사실 인간은 더 이상 속도와 효율성을 담당할 필요가 없어졌다. 인공지능이 등장했기 때문이다. 어떤 방식으로도 인간이 인공지능의 속도와 효율성을 따라잡을 수는 없다. 이런 상황에서 선행해야 할 작업은 인간이 담당해야만 하는 문제를 구별해내는 일이다. 또한 빠르게 해결해야 하는 문제와 심사숙고해서 해결해야 하는 문제를 구분하는 작업도 필요하다.

복잡계 세상의
불확실성

우리가 지금 살고 있는 세상은 복잡계 complex system다. 모든 구성 요소가 복잡하게 얽혀 있어 하나의 변화가 예기치 못한 무수한 변화를 유발할 수 있으며, 그 과정에서 동반되는 불확실성이 필연적으로 존재하는 세계란 뜻이다.

주식 시장이 복잡계의 대표적인 예다. 가령 특정 주식의 가격이 조만간 상승할 것임을 미리 알게 된다면 해당 주식을 많이 사들여 막대한 이익을 얻을 수 있을 듯하지만, 사실 그렇게 간단하지 않다. 특정 주식과 관련해 발생하는 일정 규모 이상의 거래는 그 주식의 가격에만 영향을 미치는 게 아니기 때문이다. 즉 해당 주식과 맞물린 여러 다른 주식들의 가격까지 동시에 변화해 결과적으로는 내가 사들인 주식의 상승이 제한되거나 오히려 하락할 수도 있다.

복잡계는 불확실성, 엄청난 양의 정보, 비선형성non-linearity, 출현속성emergent properties 등으로 정의할 수 있는데, 핵심은 모든 것이 서로 얽혀 있기 때문에 예측이 어렵다는 것이다. 이런 특성을 이해하지 못하고 전체 맥락보다 부분적 현상에만 집중하면 문제해결이라는 목표와 점점 더 멀어질 수밖에 없다.

가령 미세먼지의 발생 원인과 해결책을 알아내겠다며 화력발전소에서 발생하는 미세먼지의 총량과 그로 인한 대기 오염량을 조사하여 화력발전소 운전 감축을 해결책으로 제시한다면 적절한 것일까? 전체 미세먼지 중 화력발전이 유발하는 양, 해당 지역의 미세먼지의 양, 전기 생산량 중에 화력발전이 차지하는 양, 대체할 수 있는 에너지원 등 영향을 주고받게 되는 여러 분야를 종합적으로 고려해야 하지 않을까? 전체가 아닌 특정 지역이나 대상, 환경에만 초점을 맞춘다면 해결책 또한 지엽적인 수준을 벗어나지 못할 것이다. 이런 일을 방지하려면 분석 수준을 다양화하여 문제를 정교하게 정의하고 전체적 맥락에서 문제 상황을 이해해야 한다. 즉 구체적 수준에서부터 추상적 수준까지 아우르는 종합적 관점으로 문제를 분석하고 이해해야 하는 것이다.

더불어 복잡한 전체 구조를 단순화하여 파악하는 작업 역시 중요하다. 이러한 단순화 작업은 그 구조의 핵심 요소를 파악하게 해줄 뿐만 아니라 주요 요소를 정확히 보여주기 때문이다. 단, 과도한 단순화가 아닌지 항상 유념해야 한다. 적정 수준 이상의 단순화는 대상의 작동 방식을 정확히 파악하지 못하게 할 뿐 아니라, 자칫 그 대상을 제대로 이해하지 못했음에도 잘 알고 있다는 착각을 하게 만들기도 하기 때문이다.

복잡계가 주는 불확실성은 인간을 지속적으로 자극하고 생각하게 만든다는 점에서 발전의 전제 조건이기도 하지만 대부분의 인간은 복잡한 상황을 싫어하며 과도하게 단순화하려는 경향이 있어 적응하는 데 어려움을 겪기도 한다. 때로는 과도한 단순화를 통해 대상의 작동 방식을 정확하게 알지 못하면서도 이해한다고 착각하기도 한다. 따라서 문제를 접했을 때 본인이 처한 상황적·환경적 불확실성을 인식하고 이로 인해 발생할 수 있는 다양한 가능성에 대비해야 한다. 특히 불확실성을 염두에 두고 하나의 행위가 유발할 수 있는 다양한 결과를 예측하는 노력을 게을리해서는 안 된다.

알고 있다는 착각

'인간은 보이는 대로 보지 않고 들리는 대로 듣지 않는다'.

이 말의 뜻을 정확히 이해하려면 인간의 정보처리 과정이 갖는 특성을 알아야 한다. 인간은 입력되는 정보를 있는 그대로가 아니라 자신의 경험과 기억에 근거해 해석하는 방식으로 처리한다. 그래서 같은 자극을 입력해도 각각 다른 처리 결과가 도출된다. 그렇기에 자신의 현재 지식 상태를 정확히 판단하는 것은 문제를 정확히 정의하고 이해하는 데 필수요소다.

나의 현재 상황과 실력을 객관적인 시선으로 바라보고 판단할 수 있는 능력을 메타인지meta-cognition라고 한다. 메타인지는 스스로에 대한 모니터링을 통해 자신이 알고 있는 것과 모르는 것을 구별하게 해준다. 메타인지를 통해 자신이 어떤 문제나 사안에 대해 무지한 상태임을 깨달으면, 그 상태를 보완하기 위해 추가로 확인해야 할 사항이나 내용을 파악하고 이를 바탕으로 문제를 정확하게 개념화할 수 있다.

하지만 때로는 자신이 모르는 것을 알고 있다고 잘못 판단하는, 즉 메타인지적 착각이 발생하기도 한다. 이러한 착각이 발생하는 이유는 '자주 접하고 익숙할 뿐인 것'을 마치 '알고 있는 것'으로 혼동하기 때문이다. 그렇기에 메타인지적 착각의 극복은 무지를 인식하는 데 있어 매우 중요하다.

또한 메타인지적 착각은 기존에 갖고 있던 지식을 부적절하게 적용하도록 만들기도 한다. 기존에 알고 있던 바와 분명 다른 개념이나 지식을 새로 익혔음에도, 어떤 점에서 서로 다른지 정확하게 파악하지 못해 기존의 것과 비슷하다고 판단하는 경우가 그 예다.

익숙함에서 비롯된 메타인지적 착각은 전문가 집단에서 생각보다 자주 발생한다. 대표적 예로 초기 증기기관차의 형태를 들 수 있다. 증기기관차는 기존의 운송수단이었던 마차와 완전히 다른 차원의 발명품이었다. 그런데도 당시의 개발자들은 친숙한 마차의 형태를 이 새로운 운송수단에 그대로 적용했고, 기관사는 마부처럼 증기기관차에 우스꽝스럽게 올라앉았고 석탄 매연까지 그대로 마셔야 해서 사망하는 경우도 많았다.

마차의 형태로 만들어진 초기 증기기관차의 모습

✦ **생각해보기**

어떤 문제를 제대로 이해하기 어려운 이유는 의외로 이해를 위해 투자하는 시간이 적기 때문이다. 연구 결과에 의하면 일반인에 비해 전문가는 문제의 해결보다는 문제 이해에 더 많은 시간을 사용한다. 자신이 어떤 문제를 이해하기 위해 들이는 시간은 대개 어느 정도인지, 또 문제해결을 위해 들이는 시간과 비교하면 얼마나 차이가 나는지 비교해보자.

다음의 문제를 읽은 뒤 자신이 이해한 대로 가능한 한 자세히 기술해 보자.

당신 앞에는 전장에서 임무를 마치고 무사귀환한 전투기 한 대가 놓여 있다. 당신은 이 전투기에 남은 총탄 자국을 조사한 뒤 방탄재를 덧댈 부분을 정해야 한다. 총탄 자국이 많은 부분과 그렇지 않은 부분 중 어느 쪽에 덧대야 할까? 생각해보자.

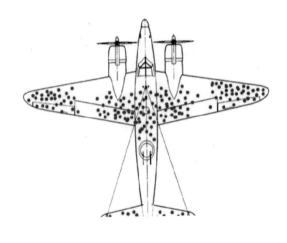

_____

_____

_____

_____

문제 정의를 위한 생각의 기본 원리

비판적
사고

비판적 사고critical thinking는 자기중심주의를 극복하고 자신의 생각을 객관적으로 모니터링하며 잘못된 점이 발견되면 기존의 견해나 관점을 수정하는 것을 말한다. 과학적 사고로도 불리는 비판적 사고의 핵심은 객관적 증거에 기반을 두어야 한다는 것이다.

대부분의 사람들은 비판적 사고에 대한 정확한 개념이나 방법을 모를 뿐 아니라 그저 비판만 하는 것이라고 오해하기도 한다. 게

다가 생각에 투자한 자원의 양, 시간, 경험이 증가할수록 사람들은 자신의 의견을 바꾸려 하지 않는데, 이러한 경향은 비판적 사고의 원활한 수행을 방해하게 된다.

또한 비판적 사고를 할 수 있는 환경도 중요하다. 가정에서든 조직에서든 사회적으로 두려움 없이 의견을 내고 경청하는 분위기가 만들어져야 한다. 특히 어떤 조직에서든 비판적 사고를 촉진하려면 직급과 무관한 자유로운 의사 표현 및 소통을 보장해야 하지만 우리나라는 조직적·문화적 특성상 이를 잘 허용하지 않는 편이다. 서열에 기초한다는 특징 때문이기도 하지만 '모난 돌이 정 맞는다'는 속담처럼 비판적 사고의 표현을 튀는 행동으로 보는 탓이다.

가령 아이디어 회의를 할 때 직급과 상관없이 구성원들이 내놓는 모든 발언은 동등한 무게로 취급되어야 하지만 그렇지 않은 경우를 흔히 접할 수 있다. 이는 단시간에 극복할 수 있는 특징이 아니다. '직급 무시하고 말하기' 등의 방법을 무리하게 적용하면 예상하지 못한 부작용이 발생할 수도 있다. 기존의 회의 방식이 아니라 소규모로 모여 의견을 내는 등의 대체 방안을 적용하는 편이 효과적일 수 있다.

모르는 상태
추구하기

무언가에 대해 모른다는 것은 그중 일부를 알고 있다는 것을 전제로 할 때만 가능한 일이다. 아는 것을 확인할 수 없다면 모르는 것을 구별해낼 수 없기 때문이다. 따라서 무엇보다 중요한 것은 자신이 무언가에 대해 모르는 상태임을 확인하는 일이라 할 수 있다. '블랙홀black hole', '웜홀worm hole' 등의 용어를 처음으로 사용한 미국의 이론물리학자 존 휠러John Wheeler는 모르는 상태를 다음과 같이 표현했다.

"우리는 무지의 바다에 둘러싸인 섬에 살고 있다. 우리 지식의 섬이 커지면 무지의 해변 또한 함께 커진다."

실제로 제대로 생각하는 습관을 지니고 있으며 비판적 사고를 즐기는 사람들은 자신의 지식이 늘어날수록 모르는 영역 또한 많아진다는 사실을 쉽게 발견한다. 이러한 '모르는 상태'의 증가는 단순히 무지의 증가로 이어지기보다는 자신이 정확히 알고 있는 내용을 재정리하여 정교화하는 작업을 돕는다. 앞서 설명한 바 있는 메타인지는 본인이 가지고 있는 지식 수준을 모니터링하는 능력이다. 따라서 이를 이용해 자신이 가진 지식을 재확인하고 무지의 상태를 정확히 측정한다면 향후 좀 더 투자하고 발전시켜야 하는 영역을 발견할 수 있을 것이다.

모르는 상태를 확인할 때 가장 주의해야 하는 것은 바로 익숙함이다. 이전에 접해보지 않은 분야나 주제에 대해서는 모른다는 것을 잘 파악할 수 있다. 반면 분야나 주제가 익숙할수록 그에 대해 모른다고 생각할 가능성은 작아진다.

가령 "올해 여름의 평균 온도는 몇 도나 될까요?"라고 물으면 대부분 꽤 자신 있게 예측치를 내놓는데, 그 예측치의 근거를 물어보면 대부분 명확하게 답하지 못한다. 즉 수십 년간 여름을 겪어와서 이미 익숙하다고 생각하기 때문에 올해 여름의 평균 온도도 당연히 안다는 착각을 할 가능성이 커지는 것이다. 따라서 '확실하게 알지 못한다는 것은 곧 모른다는 것'이라는 가정하에서 출발해야 한다.

내가 가진 지식 재평가하기

자신이 가진 지식을 정확히 평가하기란 쉽지 않은 일이다. 하지만 보다 깊은 이해를 위해서는 자신의 지식에 대한 재평가를 가능케 하는 다양한 방법을 적용해야 할 필요가 있다.

가장 기초적이고 필수적인 방법은 어떤 것에 대해 이해한 바를 스스로의 말과 글로 표현해보는 것이다. 사람들에게 문제를 주면 대개 비판적 접근 없이 문제에서 주어진 진술을 그대로 수용하는 경향을 보이는데, 이를 방지하는 손쉬운 방법이 바로 자신의 말과 글로 바꾸어 다시금 표현해보는 것이다. 이 방법은 문제를 심도 있게 이해하고 다양한 관점에서 접근할 수 있게 해줄 뿐 아니라 자신이 갖고 있는 지식과 연결하여 재평가도 가능하게끔 만든다.

또한 정답이 정해져 있지 않은 문제를 기존 관점이나 틀에서만 바라보게 되면 이미 나와 있는 해결책을 그대로 답습하는 결과로 이어지기 쉽다. 이 점을 극복하려면 기존과는 전혀 다른 새로운 프레임을 도출해 문제를 재해석해야 한다. 이는 무척이나 어려운 일이지만 올바른 문제의 이해, 정확한 관찰, 상황의 분석, 인과 지식(인과 관계에 대한 지식, 즉 어떤 일이 일어났을 때 그 원인과 결과 사이의 관계를 이해하고 설명할 수 있는 능력) 등을 바탕으로 문제를 재구성하는 연습을 반복하다 보면 조금씩 수월해질 것이다. 문제를 이해하는 프레임에 관해서는 뒤에서 보다 자세히 설명하겠다.

은유를 통한
새로운 프레임 도출

기존의 문제해결 방법을 답습하지 않

고 새롭고 독창적인 방안을 도출하려 할 때 활용할 수 있는 대표적 방법은 은유다. 어린아이들은 초기 학습 과정에서부터 은유를 통해 지식의 기반과 범위를 넓혀나간다. 태양계의 구조를 통해 원자의 구조를 배우는 방식이 한 예다.

하지만 성인이 되면 반대로 구체적인 부분에 지나치게 초점을 맞추다 보니 은유적 방식을 활용한 학습과는 점차 멀어진다. 그래서 의식적으로라도 은유를 활용하여 생각하거나 말하는, 혹은 쓰는 연습을 할 필요가 있다.

은유는 질적으로 동떨어져 보이는 두 개의 개념을 구조적·관계적 유사성에 기반하여 연결하는 비유다. 요즘 매우 열정적인 마음으로 어떤 목표를 향해 달려가고 있다면 "내 마음은 불꽃이다."라고 비유할 수 있다. '마음'과 '불꽃'은 서로 전혀 다른 대상이지만 마음의 열정 혹은 뜨거움을 불꽃의 뜨거움과 관계적으로 연결한 은유적 표현이다.

'토론은 여행'이라는 표현과 '토론은 전쟁'이라는 표현은 모두 어색함 없이 받아들이게 되는데, 이는 토론의 여러 특징 중 여행 혹은 전쟁과 구조적으로 유사한 부분을 연결했기 때문이다. '토론은 여행'에서는 함께 같은 목표를 가지고 나아가는 것이라는 특징이, '토론은 전쟁'에서는 토론에서 상대방을 제압하려는 의도를 가지고 있다는 특징이 연결된다. 이렇듯 같은 대상(토론)에 대해서도 그것이 갖는 여러 특징 중 무엇을 선택하느냐에 따라 전혀 다른은 유적 표현('여행'과 '전쟁')을 이끌어낼 수 있다.

경험이나 지식에 은유를 적용하여 다른 사례와 연결해보는 것도 매우 의미 있는 작업이 될 것이다. 은유를 적용하기 위해 구조적 유사성을 파악하는 과정에서 그동안 인식하지 못했던 혹은 놓쳤던 부분을 확인할 수 있을 것이다. 그리고 연결 과정에서 이전과는 다른 해석이나 구조화도 가능할 것이다. 이처럼 은유는 기존의 관점을 벗어난 새로운 프레임을 도출하려 할 때 매우 유용하다.

✦ 생각해보기

우리나라에서는 조직적·문화적으로 자신의 의견을 표출하기 어려운 분위기여서 브레인스토밍의 효과가 잘 나타나지 않는다. 일률적으로 돌아가며 의견을 말하게 한다거나 상사의 의견에 대한 평가를 요청하는 것은 비판적 사고의 수행을 더 어렵게 만든다. 직급이 낮을수록 의견을 표출할 기회 자체가 별로 없기도 하다. 이런 문제를 해결하고 브레인스토밍의 효율성을 높일 수 있는 방법을 고민해보자. 구성원 모두 익명으로 의견을 작성하고 각 의견에 대한 평가 역시 익명으로 이뤄지게 한 뒤 전체 의견을 정리해 회의를 진행해보자.

✦ **실천해보기**

TV 시청률은 어떤 방식으로 측정될까? 이 질문에 대해 우선은 자신이 아는 부분을 써보고, 이후에 모르는 부분을 찾아보자.

✦ **생각해보기**

'수세식 변기의 원리를 설명하라'는 요구를 받으면 사람들은 대부분 '수압의 차이에 의해 작동된다'고 답한다. 뒤이어 배수관의 형태 및 냄새 차단 원리에 대한 질문을 던지면 대개 정확한 답변을 내놓지 못한다. 추가로 변기 안에 있는 배수관을 U자 모양으로 제작한다는 것을 알려주게 되면 수압의 차이, 이용이나 냄새 차단에 대해 알고 있는 부분과 모르는 부분을 조금 더 정확하게 파악할 수 있을 것이다. 이렇게 단계별로 생각해보면 아는 것과 모르는 것을 확인할 수 있다.

✦ **생각해보기**

스티브 새슨Steven Sasson은 최초의 디지털 카메라를 발명한 사람이다. 그는 필름을 화학 물질을 변형해 제작한 제품이라는 기존의 틀이 아니라 무언가를 담을 수 있는 그릇이라는 새로운 틀에서 바라보았고, 이런 생각에 기초해 이전에는 없던 전혀 다른 종류의 저장 매체의 장착을 제안할 수 있었다. 그가 생각을 전환하게 만든 요인은 무엇이었을지에 대해 논의해보자.

_____

_____

_____

✦ **생각해보기**

은유를 어느 정도 이해했다면, '나'라는 대상에 대해 생각해보자. 나의 특징으로는 어떤 것들을 꼽을 수 있는가? 그중 대표적 특징이라 할 수 있는 것은 무엇인가? 앞의 예에서 '여행'과 '전쟁'은 '토론'의 특징을 각각 은유적으로 표현한 단어였는데, 그렇다면 나의 특징을 가장 잘 표현하는 은유적 단어로는 무엇이 있을까? 그것을 다음 문장의 빈칸에 넣어보자.

나는 _____ 이다.

상황이 가져오는 생각의 놀라운 변화

당신의 선택이
정말 '당신'의 선택인가

　　　　　　　'말은 나면 제주로 보내고 사람은 나면 서울로 보내라'는 속담이 있다. 제주는 말의 고장이고 서울은 볼거리와 경험할 것이 많으니 각각의 최적인 환경에서 키워야 한다는 뜻이다. 이런 점에서 봤을 때 우리의 판단과 결정에 가장 큰 영향을 미치는 것은 개인의 능력 자체가 아니라 그 능력이 성장하게끔 해주는 상황(환경)이라고 할 수 있다.

　인간의 판단에 미치는 상황의 영향은 강력하다. '선호도 반전

preference reversal'이라는 현상으로 간단하게 상황의 영향을 확인해보자. 무언가에 대한 선호는 이에 영향을 줄 만한 특별한 증거가 제공되지 않으면 바뀌지 않는다고 생각할 것이다. 그러나 선호도를 측정하는 방식만 바꿔도 달라진다. 예를 들어, 대학생에게 삼성전자가 생산한 TV와 중국의 하이얼Haier이 생산한 TV의 선호도를 묻는다고 가정해보자. 둘 중 어떤 TV를 더 좋아하느냐고 묻는다면 대부분 삼성전자의 TV라고 답할 것이다. 반면 자취방에 놓기 위해 둘 중 어떤 TV를 구매하겠냐고 묻는다면 이전과는 다르게 하이얼의 TV를 선택하는 비율이 증가할 것이다. 이처럼 선호도를 측정하는 방식만 변경해도 응답이 달라진다.

측정 방식뿐만 아니라 평가 방식(단독 평가 vs 공동 평가)에 따라서도 선호도가 쉽게 바뀌곤 한다. 예를 들어, 정수기를 구매할 때 여러 회사의 제품을 따로따로 보면 정수기의 기능(wi-fi 연결, 온도 조절 기능, 출수량 조절 기능 등)에 초점을 맞추어 평가할 가능성이 크다. 반면 여러 제품을 한꺼번에 모아 놓고 비교하게 되면 정수기의 본질적인 부분(수질, 살균 기능 등)에 초점을 맞추어 평가한다. 그래서 단독 평가일 때와 공동 평가일 때 각 제품에 대한 평가가 다르게 나오는 것을 흔히 볼 수 있다.

이렇게 상황의 영향이 분명한데도 우리는 대개 이를 잘 인정하지 않는다. 심지어 이러한 경향이 있다는 것을 연구 결과나 데이터로 확인했다고 하더라도, 상황의 영향력을 인정하기보다는 오히려 우리의 선택이 일관적이라고 합리화하곤 한다. 이러한 선호도 반전 현상을 이해하기 위해 다음의 질문을 읽고 답해보자.

여기 두 종류의 게임이 있다. A 게임에선 10만 원을 딸 확률이 90%, 20만 원을 잃을 확률이 10%이고 B 게임에선 70만 원을 딸 확률이 20%, 5만 원을 잃을 확률이 80%다. 당신은 둘 중 어떤 게임을 선택하겠는가?

A와 B 중 어느 쪽을 택할지 정했는가? 그리고 다음의 질문에도 대답해보자.

A든 B든 두 게임 중 하나에 참가하려면 쿠폰을 사야 한다. 당신은 각 게임을 위한 쿠폰 값으로 얼마나 지불할 용의가 있는가?

첫 번째 질문에서는 대부분 A 게임을 택하겠다고 답한다. 하지만 두 번째 질문에선 대답이 상당히 달라진다. A 게임을 위해 10만 원 이상을 내겠다는 이는 없지만 첫 번째 질문에서 A 게임을 골랐음에도 B 게임에 대해선 10만 원, 혹은 그 이상도 기꺼이 내겠다는 이가 심심치 않게 나오기 때문이다. 이러한 비논리적 선호도 반전은 어떻게 질문했는지에 따라 인간의 판단이 달라진다는 점을 뚜렷이 보여준다.

또한 인간은 환경에서 접하는 모든 자극 중 자신이 중요하다고 생각하는 것에 주로 주의를 기울이고 그것을 바탕으로 판단과 결정을 내린다. 하지만 복잡한 환경에서 어떤 것이 중요한지 알아내기란 무척 어려운 일이다. 그래서인지 사람들의 판단은 자주 눈길을 끌거나 자주 접하는 자극에도 영향을 받는다.

코스트코와 같은 대형 할인매장의 입구에는 그곳과 전혀 어울리지 않는듯 보이는 제품들이 진열되어 있다. 가격이 수백 혹은 수천만 원에까지 이르는 디자이너 브랜드들의 시계, 보석 등이 그것이다. 백화점이나 부촌富村에 있는 매장의 제품들에 비해 상대적으로 가격이 낮다고는 하나, 일반 소비자가 주로 이용하는 할인매장에 그런 고가의 물건들이 자리한 이유는 무엇일까?

이는 우리의 판단과 행동이 전혀 무관해 보이는 사소한 환경 변화에도 쉽게 좌우되기 때문이다. 대형 할인매장에서 유명한 디자이너 제품이나 고가의 브랜드 제품을 접하면 '내가 사기엔 지나치게 비싸. 여기에 저걸 사러 온 건 아니지.'라고 생각할 것이다. 그러나 은연중에 그 제품들을 사고 싶다는 마음이 생겨나기도 한다. 그리고 이런 마음은 우리가 알아차리지 못하는 사이에 구매욕을 자극하여 할인매장에서 주력으로 판매하는 다른 제품들을 더 많이 사게 만든다. 다시 말해 입구의 고가 제품들은 방문객들의 구매욕을 불러일으키는 역할을 하는 것이다.

이처럼 인간은 자기 생각과 판단을 충분히 검도하고 있으며 그러한 생각이 전적으로 자기 의지에 따라 이뤄진다고 착각하지만 실제로는 주변 환경 또는 전혀 중요해 보이지 않는 사소한 단서에 의해 생각의 방향이 바뀌는 경우가 많다. 그러므로 생각의 오류를 줄이고 올바르게 생각하는 습관을 형성하기 위해서는 생각의 원리를 정확히 인식해야 한다.

능력보다 중요한
상황의 힘

상황의 힘은 능력보다 중요하다. 업무 수행에 있어 능력이 갖는 중요성을 평가절하하는 것이 아니라 능력에 대한 과대평가를 경계해야 한다는 뜻이다. 능력만을 강조하다 보면 '특출한 사고력을 갖고 태어나지 않은 사람은 모두 평범한 생각만을 한다'는 결론에 도달하고 더 나아가 모든 것은 이미 결정되어 있다는 운명론에 빠지기 쉽다.

지능지수IQ가 성공을 예측하지 못한다는, 다시 말해 타고난 능력에는 명확한 한계가 있다는 점은 수많은 연구 결과를 통해 이미 증명된 바 있다. 그리고 인지심리학 연구에 의하면 생각을 유발하는 상황을 제시해주는 것만으로도 독창적이고 비범한 결과물을 만들어낼 수 있다.

이와 관련된 흥미로운 연구를 살펴보자. 참가자에게 여러 개의 도형을 조합하여 원하는 것을 만들게 했다. 이때 모양이나 기능은 고민하지 말라고 했다. 그 결과 아래의 그림과 같이 아주 독창적인 결과물이 도출되었다.

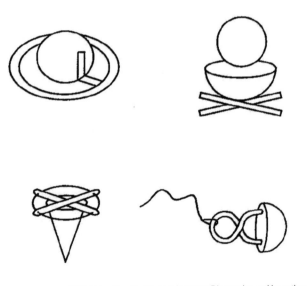

출처: Finke, Ronald., Creative Imagery: Discoveries and Inventions in Visualization, Psychology Press, 1990.

이후 가구, 운송 기구, 학용품 등 몇 개의 범주를 주고 자기가 만든 것이 주어진 범주에서 어떻게 사용될 수 있는지 물었다. 놀라운 점은 사전에 범주를 알려주지 않았음에도 불구하고, 참가자가 각 범주에 맞는 적절한 사용법을 아주 창의적으로 제공했다는 것이다.

하지만 이런 연구 결과를 본다고 해도 대부분 상황이 갖는 중요성을 선뜻 인정하거나 받아들이지 못한다. 왜 그럴까? 수치로 표현할 수 있는 능력의 차이는 눈으로 직접 볼 수 있다. 하지만 상황이 주는 영향은 대개 한눈에 들어오지 않는다. 그래서 이해하기도 설명하기도 어렵다.

관점이 바뀌면
생각과 행동이 바뀐다

내년 여름휴가 땐 어디로 여행을 가고 싶은가? 지친 일상에서 벗어나게 해줄 여행 계획을 세우다 보면 '시간이 빨리 흘러 어서 그때가 왔으면 좋겠다'는 마음이 들기 마련이다. 하지만 막상 그 시기가 다가오면 교통편이나 숙소 예약, 여행에 필요한 물품 구입 등의 여행 준비가 조금씩 귀찮아진다.

세부 일정까지 다 정했고 휴가 떠나기 전 처리해야 할 업무도 대충 마무리되었는데 이젠 마음 한구석이 조금씩 불안해진다. '비행기 표를 너무 비싸게 산 건 아닐까?' '호텔을 잘못 예약해서 여행이 엉망이 되면 어쩌지?' 하는 생각 탓에 열심히 인터넷으로 가격이나 후기를 검색한다. 이젠 오히려 여행 준비에 지쳐서 휴식이 필요하단 생각까지 든다. '괜히 여행 가기로 했나 봐. 그냥 집에서 맛있는 거 먹으며 TV나 보는 쪽이 나을 것 같은데…' 하는 생각도 하게 된다.

누구나 한 번쯤은 이런 경험을 했을 것이다. 이 현상이 나타나는 것은 우리가 '어떤 면에 초점을 맞춰 생각하는가'와 깊은 관련이 있는데, 이 초점을 크게 좌우하는 것이 바로 상황이다.

실행되기까지 아직 많은 시간이 남은 먼 훗날의 일들이라면 우리는 대개 그것이 자신에게 주는 가치와 의미에 초점을 두어 생각한다. 즉 여름휴가까지 시간이 많이 남아 있을 땐 여행이 주는 가치와 만족에 대해 보다 주목하고, 따라서 설레는 마음이 드는 것이다.

하지만 시간이 흘러 이제 얼마 후 여행을 시작해야 하는 시기가 되면 우리의 생각은 의미가 아닌 절차로 초점을 옮긴다. 구체적인 여행 일정 세우기, 여행에 필요한 비용 계산하기, 휴가 가기 전 업무 처리하기 등이 모두 절차에 해당한다. 그런데 절차란 대개 귀찮고 번거로워서 아무래도 부정적인 마음이 올라오기 쉽다.

이처럼 특정한 사건을 바라보는 태도는 시간의 흐름에 따라 달라진다. 하지만 반드시 기억해야 할 것은 시간과 관계없이 그 일의 의미와 절차는 거의 바뀌지 않는다는 사실이다. 휴식, 재충전, 새로운 경험, 사랑하는 사람들과의 시간 등 여행이 갖는 의미와 가치는 처음에 여름휴가를 떠올렸을 때도, 여행을 일주일 앞둔 시점에서도 같다. 그러한 의미와 가치를 경험하기 위해 여러 가지 면에서 귀찮지만 반드시 필요한 준비 과정이 바로 절차다.

자신의 10년 뒤 미래를 떠올려보자. 자기 분야에서 큰 성공을 거둔 CEO, 전도유망한 신임 임원, 조금씩 이름이 알려진 전문가 등의 모습일 수 있을 것이다. 그렇다면 20년 후, 30년 후에는 어떨까? 거대한 크루즈선 위에서 카리브해를 바라보며 비즈니스 파트너들과 칵테일을 마시고 있는 CEO? 언론의 스포트라이트를 받으며 인터뷰가 쇄도하는 유명 전문가? 하지만 우리는 그런 CEO나 전문가가 되기까지 얼마나 많은 시간 동안 얼마나 많은 일들을 해야 하는지, 그 과정에 대해서는 별로 생각하지 않는다.

그렇다고 해서 번거롭고 어려운 과정에만 주목하라는 것은 아니다. 의미 중심으로 생각하는 습관을 의식적으로 키워나가야 한다는 뜻이다. 우리가 꿈꾸는 아름다운 미래는 바로 오늘과 내일의 번거로운 일들을 잘 수행함으로써 만들 수 있다는 점을 인식하고 있어야 한다. 반대로 절차에만 초점을 맞추면 현재의 만족감이 떨어진다. 지금 하고 있는 어렵고 번거로운 일들이 모여서 만들어줄 커다란 의미도 의식적으로 떠올려보자. 모든 일이 그렇듯 희망하는 미래가 실현되기까지는 의미 중심과 절차 중심의 균형이 필요하다.

✦ 생각해보기

상황 정보가 문제해결에 중요하다고 인식하면서도 상황을 잘못 해석하는 대표적인 예가 성공과 실패의 원인 분석이다. 흔히 성공은 1인칭, 즉 본인을 주인공으로 해서 자신의 능력 덕분이라고 설명하고, 실패는 3인칭, 즉 예기치 않게 발생한 여러 사건이나 영향을 준 사람을 언급하며 그 원인을 상황 탓으로 돌리곤 한다. 하지만 이런 식의 접근은 중요한 정보를 놓치게 만든다. 성공 사례든 실패 사례든 능력과 상황 중 하나만 영향을 주었을 리 만무하다. 따라서 1인칭과 3인칭의 측면에서 통합적으로 기술해야 더 분명하고 철저한 분석이 가능하다.

낯선 길로 가다 사고가 나면 낯선 길로 간 것 자체가 문제라는 결론을 내리기 쉽다. 이는 그 길로 가자고 결정한 이에게 모든 책임을 전가하며 상황의 영향을 간과하게 만드는 실수다. 안전사고가 발생했을 시 그에 따르는 책임을 작업자에게 넘기는 경우도 매우 많은데, 이는 인적 교체만을 이야기하기엔 결과적으론 조직에 손실을 입히는 방식이다.

_____

_____

_____

_____

_____

_____

4장

우리가 생각을
잘하지 못하는 이유

올바른 생각을 방해하는 생각의 오류

인과관계의
오류

우리는 어떤 두 사건이 연결되어 있다고 느낄 때 둘 중 하나가 원인이라고 생각한다. '까마귀 날자 배 떨어진다'는 속담처럼, 동시에 발생하는 사건들 사이엔 시간적 유사성만 있을 뿐 원인과 결과의 관계가 있는 건 아님에도 이를 착각하여 오해하는 경우가 많다. 까마귀가 날았기 때문에 배가 떨어졌다고 해석하는 것이다. 하지만 이렇게 단순히 관련이 있는 두 사건만을 인과관계로 해석하게 되면 문제를 제대로 이해하는 데 실패하여 올바른 해결책을 도출할 수 없을 뿐 아니라 엉뚱한 대책을 수립하여 막대한 손실을 초래할 수도 있다.

우리가 일상적으로 사용하는 지식의 대부분은 실체적 인과관계에 기초한다기보다는 현상을 나열하거나 착각적 인과 지식이 동원되어 형성된 것들이다. 특히 경험이 많은 대상에 대해선 오히려 그 영향 때문에 인과관계 발견에 오류를 보이곤 한다. 가령 두 가지 사건이 연이어 일어나는 현상을 수십 번 관찰한 이들은 대개 그 두 사건이 인과관계에 있다고 평가한다. 하지만 이는 상관관계를 인과관계로 착각하는 대표적인 예에 해당한다. 광고 노출 빈도와 제품 판매량 또한 인과관계에 있다고 착각하기 쉬운 예다. 이 두 요인을 인과관계로 해석하면 '광고를 통해 많이 노출될수록 판매량이 증가하니 광고 투자를 늘리는 것이 최우선'이라는 착각에 빠지기 쉽다. 하지만 이런 경우에는 품질 개선, 사회적 분위기의 변화와 같이 제품 판매량에 영향을 줄 수 있는 다른 근본적인 요인들을 찾아보고 광고 노출 빈도와 그것들 사이엔 어떤 연관성이 있는지를 함께 살펴봐야 한다.

인과관계를 명확하게 파악하기란 사실 생각보다 쉽지 않다. 하지만 인과관계를 잘 분석하는 사람은 미래를 비교적 정확히 예측할 수 있고, 그 예측에 따라 현재를 일궈나갈 수 있다. '지금 우리가 개발하는 기술은 어느 시점에 어떤 방식으로 쓰일 것'이란 예측이 가능한 이들은 계속해서 기술개발의 동력을 유지할 수 있다.

인과관계를 명확히 파악하는 좋은 방법은 두 사건이 동시에 일어나는 경우를 찾는 대신에 원인으로 생각되는 한 사건이 일어났을 때 다른 사건이 일어나지 않는 경우를 살펴보는 것이다. 고액 복권 당첨자들의 사례를 보면 많은 경우에 조상님이 나타나거나 용이나 돼지를 보거나 불이 활활 타오르는 등 좋은 꿈을 꾸었다고 한다. 이런 이야기를 들으면 좋은 꿈이 복권 당첨의 원인인 것으로 생각하기 쉽다. 하지만 좋은 꿈을 꾸었는데 복권이 당첨되지 않은 경우를 생각해보면 그것이 사실이 아니라는 것을 쉽게 알 수 있다. 수천만 명이 매일 잠을 자고 꿈을 꾸며 그중 꽤 많은 꿈은 용, 돼지, 조상님, 불 등이 나타나는 좋은 꿈일 것이다. 만일 좋은 꿈이 복권 당첨의 원인이라면 수많은 1등 당첨자들로 인해 당첨금이 그리 높지 않을 것이다.

인과관계를 파악하는 데 더욱 중요한 것은 원인이라 생각되는 사건이 발생했을 때(광고를 했을 때) 어떤 일이 있었는지(매출 증가)를 기억하는 것보다, 원인이라 생각되는 사건이 발생하지 않았음에도(광고를 하지 않을 때) 그 일이 있었는지(매출 증가)를 고려하는 것이다. 하지만 우리는 원인이라 생각되는 사건의 부재 시에도 동일한 결과가 나타나는지 여부에 대해서는 거의 고려하지 않는다. 즉 좋은 꿈과 복권 당첨을 연관시키기 전에 좋은 꿈을 꾸지 않았을 때 복권이 당첨된 경우가 있는지에 대해서는 거의 고려하지 않는다.

기억의
오류

인간의 올바른 생각을 방해하는 오류 중 가장 흔히 접할 수 있는 것이 바로 기억의 오류다. 기억에 의해 왜곡되는 정보를 바로잡고 적절한 처리를 유도하려면 기억의 오류를 체계적으로 이해하고 있어야 한다. 기억의 오류를 보여주는 대표적인 현상으로 '피크엔드 법칙Peak-End Rule'이 있다. 피크엔드 법칙은 우리의 기억이 전체 경험의 합이나 평균이 아니라 경험의 정점(가장 강렬한)과 가장 최근의 경험을 기준으로 판단한다는 법칙이다. 피크엔드 법칙에 따르면 강렬한 감정적 기억이 더 오래 지속될 수 있는 이유는 우리의 뇌는 정서적인 사건에 대해 선택적으로 부호화encoding시키며, 그 사건을 더 오랜 시간 유지consolidation시킨다.

그리고 그것이 특히 후회와 같은 부정적인 감정을 가져다주는 사건일 경우 특별히 더 오래 기억한다. 시험을 치를 때 머릿속에 답안이 떠오를 듯 말 듯 해서 작성한 답안을 수정해본 경험이 있을 것이다. 이때 운이 없게도 고친 답이 오답이고 처음 작성한 답이 정답이었던 경우도 있을 것이다. 이 사건은 나에게 강렬한 부정적 감정을 경험시켜준 관계로 단 한 번 일어난 일일지언정 오랜 시간 기억에 남게 될 것이다. 이에 더해서 자꾸 그 사실을 반복하여 떠올리고 이야기하게 되면 마치 자주 있는 일인 것처럼 생각되어 기억에 더욱 오래 남게 된다. 그러다보니 '처음 떠오르는 답이 정답이니 고치지 말아야 한다'는 말이 널리 퍼진 것이다.

이는 잘못 알려진 오해이며 기억의 오류와 후회가 결합하여 만들어진 결과물이다. 실제 이와 관련된 연구 결과를 살펴보면 오히려 답안을 고쳤을 때 정답으로 고친 경우가 더 많았다. 답안을 고쳐서 정답이 된 경우에 우리가 어떻게 행동하는지를 생각해보면 더욱 명확하다. 고쳐서 맞힌 경우에는 그 순간 기분이 좋지만 몇 번 이야기하다 이내 잊어버리게 된다.

우연은 우연일 뿐
필연이 아니다

한때 평행이론이 유행했던 적이 있다. 평행이론은 시간적·공간적으로 우연하게 발생한 일련의 사건을 접했을 때 사건 간의 관련성을 찾으려는 경향으로 인해 발생한다. 즉 우연적으로 동시에 발생한 상황이 실제로는 연관 관계가 없음에도 불구하고 마치 밀접하게 연관되어 발생한다고 생각하는 것이다. 매우 잘 알려진 예로 케네디와 링컨의 연관성을 들 수 있다. 링컨의 암살자는 1839년생이고 케네디의 암살자는 1939년생이다. 링컨 암살자는 극장에서 뛰쳐나와 창고에서 잡혔고 케네디 암살자는 창고에서 뛰쳐나와 극장에서 잡혔다. 둘 다 모두 재판 전 살해당했으며, 링컨은 사망 일주일 전 매릴린Marylyn의 먼로Monroe 라는 곳에 있었고 케네디는 사망 일주일 전 영화배우 매릴린 먼로 Marylyn Monroe와 있었다. 이와 같이 엄청난 우연의 일치는 생각보다 일상생활에서도 흔하게 나타난다.

하지만 우리는 어떤 사건이 일어났는데 그 이유를 찾지 못하면 불편해하는 습성이 있다. 모호함과 불확실성은 인간이 가장 싫어하는 상태 중 하나이며 설명할 수 없는 상황이나 이해하기 힘든 상황을 경험하면 불편감을 느껴서 가능한 인과관계를 설정하려고 한다.

따라서 발생하는 여러 가지 상황 중에서 가능한 것들을 인과관계로 해석하려는 시도를 하게 된다. 즉 몇몇 우연을 필연으로 바라보는 것이다. '기온이 올라가면 강력 범죄율이 높아진다'는 식으로 그럴싸한 내용을 인과관계로 착각하는 것도 이런 이유에서 발생하는 현상이다. 이처럼 우연적으로 발생한 사건의 연관 관계를 애써 찾으려 하면 정보를 잘못된 방식으로 처리하게 되고, 그 결과 최적화된 계획 수립에 차질을 빚을 수 있으니 주의해야 한다.

어떤 결과가 발생한 원인을 찾으려는 인간의 경향은 결과가 나쁠 때 특히 강하게 나타난다. 조직에 새로운 구성원이 들어온 직후 몇 가지 안 좋은 일이 생기면 '이건 새 사람을 들인 탓에 발생한 결과'라는 식으로 생각하는 것이 한 예다. 하지만 이는 시간적·공간적으로 동시에 발생한 사건(새로운 구성원)을 나쁜 결과(안 좋은 일)의 원인으로 오해한 것에 불과하다.

확증편향의
늪

인간은 한번 자신의 입장을 정하고 나면 그와 반대되는 정보를 접해도 쉽게 기존 입장을 바꾸지 않으려 한다. 자신의 입장을 지지하는 증거는 지속적으로 받아들이지만 반대되는 증거는 애써 무시하는 사고방식을 확증편향confirmation bias이라고 한다. '보고 싶은 것만 보고, 듣고 싶은 것만 듣는다'는 표현을 흔히 쓰곤 하는데, 이것이 바로 확증편향을 의미한다.

미국의 심리학자 스콧 릴리언펠드Scott Lilienfeld가 '확증편향은 모든 편견의 어머니'라고 한 바 있을 정도로 확증편향은 생각의 수많은 오류를 발생시키는 데 중요한 역할을 한다. 어떤 문제를 접했을 때 일단 자신의 기존 경험을 바탕으로 해석하고 나면 이후 다른 가능성은 차단하는 것이 전형적인 확증편향의 예다. 이렇게 되면 문제의 재해석이나 새로운 관점을 받아들이는 것도 불가능하다. 심지어는 주어진 문제에 대해 답을 정해놓고 그 답을 지지하는 방식으로 질문을 구성하기도 한다. 예를 들어, 쓰레기 매립장 유치에 찬성하는 쪽은 그와 관련된 정보를 검색할 때 주로 매립장 유치가 가져오는 경제적 이득과 같은 내용으로 검색을 하는 반면, 반대하는 쪽은 그로 인해 발생하게 되는 환경적 문제와 관련된 질문을 위주로 검색을 한다. 이는 자신이 생각하고 있는 바를 재검증하기 위한 전략으로 확증편향을 사용하는 예에 해당한다. 새로운 제품이나 서비스 개발 시 개발자가 확증편향에 빠지는 일도 흔하다. 특히 본인이 투자한 시간이나 노력이 많을수록 편향도 더욱 강력하게 작용한다.

사실을 최대한 객관적으로 바라보고 모든 가능성을 고려하는 비판적 사고는 확증편향의 늪에 빠지지 않도록 하는 장치임은 자명하다. 하지만 확증편향은 여러 편향 중에서도 극복하기가 쉽지 않은 편이기에 반드시 '악마의 대변인devil's advocate'을 세워야 한다. 자신의 주장에 지속적으로 반대 의견을 표할 수 있는 존재를 찾거나 그런 존재를 스스로 만들어내야 한다는 뜻이다. 또 기존에 세운 계획을 수행하기 전, 해당 계획이 실패했다고 가정하고 그 이유를 파악해보는 사전 검시(원어로는 pre-mortem이며 사전 부검으로 부르기도 한다) 방식 역시 도움이 될 수 있다. 이에 대해서는 뒤에서 좀 더 자세히 설명할 것이다.

인지적 구두쇠의
생각 지름길

흔히 인간을 인지적 구두쇠cognitive miser라고 한다. 골치 아프고 복잡한 문제를 해결할 때 가급적 간단하고 노력을 많이 들이지 않아도 되는 방법을 찾으려는 모습이 그 예다. 이런 방법을 사용해도 대부분 큰 문제가 없었기 때문에 나타나는 현상이다. 물론 그 과정에서 오류가 발생할 수 있다는 부작용을 피하기는 어렵다. 지금부터 우리가 판단하고 사고할 때 흔하게 하는 생각의 오류들에 대해서 살펴보고 내가 어떤 오류에 자주 빠지는지를 확인해보자. 이렇게 우리의 생각을 다시 한 번 확인하게 되면 그에 따른 인지적 오류를 줄일 수 있다.

모든 사람은 생각의 지름길인 휴리스틱을 사용한다. 단언컨대 휴리스틱을 사용하지 않는 사람은 없다. 이유는 간단하다. 지름길이 시간과 자원을 아껴주기 때문이다. 그래서 일단 지름길을 찾게 되면 다른 길은 가지 않는다. 그런데 조건이나 상황이 바뀌었다면, 혹은 내용이 일부 바뀌었다면 이전에 사용했던 지름길은 더 이상 지름길이 아니다. 그 길을 가게 되면 오히려 오류를 범할 가능성이 높을 것이다. 그래서 생각의 지름길인 휴리스틱은 양날의 검이 될 수 있다. 매우 효율적이지만 사용하는 과정에서 오류 혹은 편향이 발생할 가능성이 높기 때문이다.

그런데 '다른 사람은 몰라도 나는 편향된 생각을 하지 않아.'라고 생각하는 사람, 즉 편향 맹점의 오류bias blind spot를 보이는 사람이 상당히 많다. 타인의 오류는 잘 발견하면서 자신의 인지적 오류는 깨닫지 못하는 것이다. 하지만 우리 모두는 크게 다르지 않다. 당신은 자신이 아무런 편견을 갖지 않은 사람이라 여기는가? 만약 당신 주변에 특정 성별 혹은 특정 성향의 사람들만 존재한다면 실제로 당신은 상당한 편견을 가지고 생각하고 행동하는 사람일 가능성이 있다.

흔히 보이는 대표적인 생각의 지름길을 살펴보자.

① 대표성 휴리스틱

대표성 휴리스틱representative heuristic은 눈에 띄고 특징적인 점에 지나치게 주목한 나머지 기저확률과 같은 기본 특성을 고려하지 않은 채 판단하는 경향을 뜻한다(기저확률base rate이란 특정 요소가 통계적으로 전체에서 차지하는 기본 비율을 말한다. 사건의 발생확률을 가늠하는 중요한 척도다). 가령 '스티브는 수줍고 내성적이며 남을 돕지만 현실 정치나 사회에 대한 관심은 거의 없다. 온순하고 정직한 그는 질서와 체계를 중시하고 매우 꼼꼼하다'는 글을 게시한 뒤 그가 농부일 것 같은지, 아니면 도서관 사서일 것 같은지 물으면 대개는 후자일 듯하다고 대답한다. 하지만 전체 인구에서 농부가 차지하는 비중과 도서관 사서가 차지하는 비중을 고려해본다면 이는 올바른 판단이 아니다.

우리가 대표성 휴리스틱을 사용하는 이유는 분명하다. 인간의 인지능력에는 한계가 있어서 판단에 관련된 모든 정보를 고려할 수 없으니 제공되는 정보에만 초점을 맞추게 되기 때문이다. 물론 대표성 휴리스틱(그리고 이후 언급할 다른 모든 휴리스틱)을 사용하는 것이 반드시 잘못되었다고 이야기하는 것은 아니다. 만일 휴리스틱이 빈번히 잘못된 길로 가게 한다면 사람들은 이를 사용하지 않을 것이지만, 대개의 경우 휴리스틱은 우리를 적절한 해결책으로 인도한다. 매번 가능한 모든 경우의 수를 고려하는 수고를 들이기보다는 간편한 사고를 통해 충분히 괜찮은 선택을 하는 것이 영리한 방법일 수 있다.

대표성 휴리스틱을 사용하면 많은 인지적 노력을 들이지 않고도 빠른 의사결정과 판단이 가능하다. 대표성 휴리스틱은 복잡한 의사결정 과정을 단순화시켜 의사결정에 대한 부담을 줄여주어 시간이 제한되어 있는 상황에서 유용하게 사용될 수 있다. 하지만 대표성 휴리스틱을 사용하는 경우에는 결정 과정에서 지나치게 직관에 의존하게 되어 편향된 판단을 하게 될 가능성이 있다는 점을 꼭 기억하여 중요한 결정을 하려고 할 때 다시 한번 점검해볼 필요가 있다.

최근 주식 시장을 보면 대표성 휴리스틱으로 인해 위험한 투자를 하는 사람이 많이 보인다. 회사 이름이나 사업 목적에 바이오 혹은 2차전지가 포함되어 있으면 주가가 폭등하는 현상이 자주 나타났다. 굳이 설명하지 않아도 적절한 투자 방식이 아닌 것은 분명하다. 투자자들이 기업의 실제 가치나 미래 전망에 대한 분석 대신에 대표성 휴리스틱을 사용하게 되면 비슷한 기업은 모두 성공할 것이라 예측하게 되는데, 현실은 그렇지 않은 경우가 많아 투자에 실패할 가능성이 크다.

② 가용성 휴리스틱

가용성 휴리스틱availability heuristic은 자주 접하거나 쉽게 상상할 수 있는 사건일수록 발생할 확률이 더 크다고 판단하는 경향을 말한다. 내 머릿속에 무언가가 떠오른다면 중요한 사실이라고 여기고, 머릿속에서 얼마나 쉽게 떠올릴 수 있는지에 근거하여 (종종 틀리게) 사건의 발생 빈도를 추정한다. 따라서 발생 빈도는 낮지만 일단 발생하면 크게 보도되는 사건(예: 비행기 추락)을 발생 빈도는 높지만 별로 크게 보도되지 않는 사건(예: 도로에서의 교통사고)보다 더 위험하다고 여기고, 당뇨나 고혈압 등 별로 주목받지 못하는 병은 그리 위험하지 않다고 여기며, 사람들의 이목을 끄는 사망 원인(예: 살인)이 그렇지 않은 경우(예: 자살)보다 더 많이 발생한다고 믿는 것이 가용성 휴리스틱을 사용한 예다.

가용성 휴리스틱이 발생하는 이유도 역시 인간이 가진 정보처리 용량에 한계가 있기 때문이다. 주어진 모든 정보를 처리할 수 없으므로 선택적으로 접근하게 되고, 이때 가용성이 높은, 다시 말해 눈에 잘 보이거나 머릿속에 잘 떠오르는 정보를 위주로 결정하게 된다.

전문직 종사자들은 이러한 경향이 덜 할 것이라고 믿는 경우도 있는데, 이는 사실이 아니다. 제롬 그루프먼Jerome Groopman에 따르면 3주에 걸쳐 비슷한 유형의 바이러스 폐렴 환자를 다수 진찰한 의사는 내원한 환자가(예: 아스피린을 복용하고 부작용으로 내원한 환자) 바이러스 폐렴의 진단 기준을 충족하지 않았을 때도 바이러스 폐렴으로 진단하는 경향이 증가했다. 이는 전문가들도 최근의 경험과 떠오르는 기억에 과도하게 영향을 받는다는 것을 보여주는 사례다.

하지만 우리가 언제나 가용성 휴리스틱을 사용하여 잘못된 결정을 내리는 것은 아니다. 내가 왜 그것을 잘 기억하고 있는지, 즉 친숙한 이유가 무엇 때문인지를 인식한다면 가용성 휴리스틱을 사용하지 않는다. 한국 사람 중에 손흥민이라는 이름과 김흥민이라는 이름 중 어느 이름이 더 많을까? 아무도 손흥민이 더 많을 것이라고는 생각하지 않을 것이다. 이 이름이 왜 친숙한지는 우리가 너무나 잘 알기 때문이다.

③ 감정 휴리스틱

감정 휴리스틱affect heuristic은 지금 느끼는 감정이 판단과 결정에 영향을 주는 것을 말한다. 예를 들어, 같은 사건이라고 하더라도 판단하는 당시에 경험하는 감정이 긍정적이면 이득에 초점을 맞추고 위험 요소의 비중을 낮게 평가한다. 반면 판단 당시 부정적인 감정을 경험하고 있다면 위험 요소에 초점을 맞추고 이득의 비중을 낮게 평가한다. 원자력 발전의 안전성을 평가하기 위해 발전소를 방문했을 때, 깔끔한 외관과 따뜻한 응대로 기분이 좋다면 원자력 발전의 이점에 초점을 맞출 가능성이 높지만 벗겨진 페인트와 갈라진 외벽을 보게 된다면 위험 요소에 초점을 맞출 가능성이 증가할 것이다. 마케팅이나 광고 분야에서 긍정적인 감정을 유발하기 위해 '프리미엄', '내추럴' 등의 단어를 사용하는 것도 같은 맥락이다.

심지어 내 결정과 전혀 무관한, 긍정적이거나 부정적인 사건이 판단에 영향을 주는 때도 있다. 예를 들어, 국가대표 축구팀이 올림픽이나 월드컵에서 좋은 성적을 거두면 정부의 지지율이 상승하기도 한다. 둘 사이에 별다른 연관성이 없음에도 불구하고 한쪽에서 경험하는 긍정적 감정이 다른 쪽에 대한 평가에 영향을 주는 것이다. 또한 분명히 드러나는 확률을 위배하는 판단을 할 수도 있다.

다음의 상황을 살펴보자. 바구니 A에 10개의 공이 있는데 그중 하나가 빨간 공이다. 바구니 B에는 1,000개의 공이 있는데 그중 90개가 빨간 공이다. 바구니에서 빨간 공을 꺼내면 선물을 받는다고 할 때, 당신은 A와 B 중 어느 바구니를 선택할 것인가? 혹시 확률의 차이(10% vs 9%)가 아니라 빨간 공의 숫자가 당신의 결정에 영향을 주었다면 감정 휴리스틱의 영향을 받은 것이다.

④ 재인 휴리스틱

재인 휴리스틱recognition heuristic은 친숙하지 않거나 잘 모르는 것보다 알아볼 수 있는 것을 우선적으로 선택하고 더 높게 평가하는 경향을 말한다. 예를 들어, 우리나라 사람에게 미국의 보스턴과 콜

럼버스 중 어느 쪽의 인구가 더 많은지 물어본다면 대부분 보스턴
을 선택할 것이다. 보스턴은 이미 잘 알고 있는 도시인 반면, 콜럼
버스는 대부분 알지 못하기 때문이다. 그러나 실제로는 콜럼버스
의 인구가 더 많다. 2021년 기준으로 오하이오 주의 주도인 콜럼버
스 인구는 약 91만명, 보스턴 인구는 약 66만명이다. 도시에 대한
평가도 재인 휴리스틱의 영향으로 보스턴이 높은 점수를 받을 가
능성이 크다.

문제는 이를 눈치채기 쉽지 않다는 것이다. 객관적인 자료를 바
로 확인할 수 있는 상황이 아니라면 더더구나 재인 휴리스틱의 영
향에서 벗어나기 쉽지 않다. 주식 투자를 시작하는 사람의 입장에
서 전 국민이 알고 있는 삼성전자와 이름이 생소한 반도체 회사 중
하나를 선택해야 한다면 어떤 회사를 선택할 것인가? 혹시 여전히
회사 이름이 친숙하다는 이유만으로 투자하고 있지는 않은지 확
인해보자.

⑤ 기준점과 조정 휴리스틱

기준점과 조정 휴리스틱anchoring and adjustment heuristic은 처음 받은
정보에 근거해 판단하는 경향을 지칭한다. 가령 연간 석유 생산량
을 추정하는 질문을 던지면서 "3,000만 배럴보다 많을까?"라고 물
으면 대부분 3,000만 배럴과 가까운 숫자를 말한다. 하지만 3,000

만 배럴은 별다른 근거없이 무작위로 제시한 숫자일 뿐이고 실제로는 2022년 기준 약 9,000만 배럴이다. 이처럼 기준점과 조정은 무작위로 제시한 숫자가 일종의 기준점 역할을 하면서 그 숫자의 주변으로 답이 형성되는 현상을 가리킨다.

그리고 일단 기준점이 생기면 그 근처에서 답을 구하려 한다. 기준점 근처에서 많이 벗어나지 못하는 이유는 기준점 근처에서 조정을 하기 때문이다. 예를 들어, "새로 판매를 준비 중인 시제품의 샘플 1,000개 중 불량이 20개 이상일 것 같은가?"를 질문한 뒤 불량품 개수를 추정하라고 하면 대부분 20개 근처의 숫자로 답한다. 90개, 100개라는 수치는 잘 나오지 않는데, 이는 20이라는 기준점 근처에서 조정을 하기 때문이다. 그러다 보니 흥정이나 협상을 할 때, 먼저 제안한 금액 근처에서 최종 결론이 도출되는 일이 흔하게 발생한다.

⑥ 기본적 귀인 오류

타인이 행동의 원인을 파악할 때 상황적 요인의 영향은 간과하고 오직 그 사람의 성향 때문이라고 생각하는 것이 기본적 귀인 오류fundamental attribution error다. 누군가가 지각을 해서 뛰어가는 광경을 보고 '저 사람은 게으른 사람이구나.' 하고 판단하는 것이 한 예다. 어쩌면 그는 길에서 갑자기 쓰러진 응급환자를 돌봐주고 오느라 늦은 것일 수 있으나 그런 상황적 요인은 알기도 어렵고 알 수도 없다. 그래서 상황을 파악하지 않고 "그 사람 원래 그래."라고 말하기 쉽다.

이처럼 우리는 남의 잘못은 그 사람의 성향 때문이라고 여기지만 반대로 타인의 성공은 그 사람이 잘해서가 아니라 운이 좋았기 때문이라고 간주한다. 또한 나의 성공은 내가 잘해서, 내가 실패하면 상황이 안 좋았다고 생각한다. '잘되면 제 탓, 못되면 조상 탓'인 것이다. 하지만 이러한 성향이 반드시 나쁘지만은 않고 우리의 심리 건강을 위해서는 좋은 면도 있다. 남의 성공이 다 그 사람의 능력 탓이라 생각하면 스스로 얼마나 보잘것없다고 느끼겠으며, 잘못된 모든 일이 다 내 탓이라고 생각한다면 얼마나 스스로를 자책하고 후회하겠는가?

그러나 잘되면 내가 잘해서, 잘못되면 상황이 문제여서라는 식의 생각은 자신의 성장과 발전에 방해가 된다. 그런데도 성공 경험을 하게 되면 자연스럽게 자신이 잘한 점에 집중하고 실패 경험을 하게 되면 상황 요인을 찾는다.

이제는 반대로 한번 해보자. 예를 들어, 투자에서 수익을 올렸다면 도움이 된 상황 요인을 찾아보고 손실을 보았다면 본인이 무엇을 잘못 판단했는지 찾아보자. 그래야 다음 투자에서 좀 더 좋은 결과를 얻을 수 있을 것이다.

또 남의 성공의 원인을 그저 운 탓으로만 생각하지 말고, 그 사람의 어떤 면이 그러한 운을 잡을 수 있게 했는지에 집중해보자. 타인의 실패에 어떤 불운이 작용했는지도 살펴보면 더욱 좋다.

⑦ 현상 유지 편향

인간에게 있어 변화는 대개 불확실성으로 여겨지고, 불확실성은 불안을 유발한다. "잘되고 있는데 굳이 왜 바꾸려고 해?"와 같은 표현에서 알 수 있듯이 사람들은 현 상태를 유지하려는 경향, 즉 현상 유지 편향status quo bias을 가지고 있다.

이러한 경향은 잘못된 결정을 초래하거나 손해를 끼치기도 한다. 가입 후 1개월 무료로 사용할 수 있는 통신사 부가서비스를 가입하고 나서 요금을 지불하기 전에 서비스를 해지하는 사람이 얼마나 될까? 단순히 잊어버릴 수도 있지만, 큰 부담이 되지 않고 가끔 서비스를 사용한다는 이유로 무료 제공 기간이 지나도 그대로 유지하는 사례는 어렵지 않게 찾아볼 수 있다. 그런데 정말 필요한 서비스인가? 이 질문에 확실하게 "네."라고 답하기 어렵다면 현상 유지 편향의 영향을 받고 있을 가능성이 매우 크다.

⑧ 매몰 비용 오류

판단과 결정 과정에서 이전의 사건이나 경험이 영향을 주는 것은 자연스럽지만, 그로 인해 현시점에서 적절한 결정을 하지 못하는 일도 흔히 발생한다. 특히 이미 투자한 비용이나 노력, 즉 매몰 비용으로 인해 앞으로 손실이 예상되고 있음에도 그만두지 못하는 경향을 보이는데, 이를 매몰 비용 오류sunk cost fallacy라고 한다.

설령 현재 상황이 만족스럽지 못하더라도 기존에 투입해온 시간 혹은 비용 때문에 계속 밀어붙이는 경향을 말한다. 성공 확률이 점점 낮아지고 있음에도 불구하고 프로젝트에 오랜 시간을 투자했으니 성과를 낼 때까지 계속 해야 한다고 생각하곤 한다. 이런 측면에서 LG전자의 스마트폰 사업 철수는 매몰 비용 오류를 극복한 사례로 평가할 수 있다. 그동안 투자한 비용의 효용에 대한 논의 자체는 물론 중요하다. 그러나 향후 지속 여부는 기존에 투입한 시간이나 비용에 얽매이지 않고 현시점부터 투입할 시간과 비용을 고려해서 결정하는 것이 더 적절할 것이다.

⑨ 소수의 법칙

작은 표본의 결과가 모집단의 특성을 반영하고 있다고 믿는 것을 소수의 법칙Law of Small Numbers이라 한다.

"내 주위를 보면…"

"내가 해봤어."

'나'라는 극단적으로 작은 표본이 경험한 사건이 전체의 특성을 반영한다고 믿고 이를 바탕으로 판단하는 현상을 보여주는 말이며, 전형적인 소수의 법칙의 예다.

표본의 크기가 증가하면 그 표본의 평균이 모집단에 근접하게 되지만 작은 표본의 경우에는 반드시 표본의 결과가 모집단의 특성을 정확히 반영하기 어려운데 우리는 표본의 크기에 둔감하다. 오래전 성수대교 붕괴사고 때 특정 회사의 승합차를 탔던 의경들이 전원 무사했을 때 그 차의 안전성에 대해 과도한 소문이 있었다. 비행기에서 떨어진 스마트폰이 여전히 작동을 했다는 사례도 사람들이 자주 인용하는 극단적인 단일 표본의 사례다.

우리나라 초등학생의 아이큐가 평균 100이라고 가정해보자. 당신이 무작위로 10명의 아이들의 아이큐를 조사했는데 그중 첫 번째 학생의 아이큐가 130이었다. 그렇다면 이 10명의 아이큐의 평균은 얼마일까? 이 경우에 많은 사람들은 평균이 100일 것이라 추측한다. 10명 밖에 안 되는 작은 표본일지라도 전체 표본의 평균을 따를 것이라 생각하는 것이다. 하지만 보다 나은 추측은 나머지 9명의 아이큐가 모두 100(얼마일지 모를 때 가장 안전한 추측 방법 중 하나는 평균을 추종하는 것이다.)이라고 가정하여 아이큐의 총합을 인원수로 나누는 것이다. 130+(100×9)= 1030. 이를 10으로 나누면 103이므로 아이큐가 평균 103이라고 결정하는 것이 더 올바른 방식이다. 실제로 조사한 10명의 아이큐의 평균이 몇인지는 중요하지 않다. 다만 이렇게 생각하는 것이 더 나은 방식이라는 것이다.

이외에도 여러 가지 생각의 지름길이 있다.

다른 사람들이 생각하고 행동하는 방식은 나와 같을 것이라고 가정하는 경향을 의미하는 투사 편향projection bias, 집단에서 논의를 진행할 때 한 방향으로 큰 줄기가 잡히기 시작하면 그에 반대되는 의견들은 무시하고 지지하는 증거에만 점점 더 초점을 맞추는 현상을 의미하는 집단사고groupthink 등 여러 가지 생각의 지름길이 인간의 판단과 결정에 영향을 준다.

생각의 지름길은 분명 정보처리 과정에서의 이점을 가지고 있다. 그러나 잘못 적용하면 오류로 이어질 수 있으므로 유의해야 한다. 특히 본인은 이러한 오류와 무관하다는 착각은 반드시 버려야 한다. 오류는 누구에게나 발생할 수 있고 나도 예외가 아니라는 인식이 오류의 발생 가능성을 줄여줄 것이다.

✦ **생각해보기**

간헐적 단식에 대해 생각해보자. 머릿속에 '간헐적 단식의 위험성'이라는 말이 먼저 떠오르는가? 아니면 '간헐적 단식의 효과'라는 말이 먼저 떠오르는가? 만약 위험성이 먼저 떠오른다면 당신은 아마도 간헐적 단식을 시도하지 않을 것이고 효과가 먼저 떠오른다면 아마도 간헐적 단식에 대해 진지하게 고민하게 될 것이다. 정보를 찾아보기 전에 이미 결정이 되어 있는 것이다. 물론 이러한 방식은 올바르지 않고 간헐적 단식의 위험성과 효과를 모두 찾아보는 것이 좋다. 당신은 정보를 찾을 때 어떻게 하는지 생각해보라.

생각의 오류에서 벗어나기

불완전한 생각 시스템의
오류 극복

　　　　　　많은 심리학 연구들은 우리의 판단
이 그다지 정확하지 않고 때로는 상당히 비합리적이라고 말한다.
1978년에 노벨 경제학상을 받은 허버트 사이먼Herbert Simon은 우리
의 인지 능력이 상당히 제한적이기 때문에 올바로 결정하기 힘들
다고 주장했다. 앞서 설명한 인지정보처리 모형에 근거하여 이를
설명하면 우리의 주의 능력, 작업기억 능력에 한계가 있으며 이러
한 한계가 우리가 정보를 올바로 받아들이고 적절하게 처리하는

것을 방해한다.

2002년에 노벨 경제학상을 받은 인지심리학자 대니얼 카너먼도 역시 인간은 완전히 합리적이지도 이기적이지도 않으며 취향도 불안정하다고 한다. 그는 이러한 경향성이 나타나는 것은 앞서 설명한 대로 생각의 두 시스템인 빠른 사고 시스템과 느린 사고 시스템이 불완전하기 때문이라고 말한다.

우리의 생각은 대개 빠른 사고 시스템에 의해 빠르게 이뤄지게 되는데, 매우 효율적인 동시에 오류가 발생할 가능성이 높다는 단점을 가지고 있다. 인간의 결정 역시 대부분 빠른 사고 시스템에 의해 이뤄진다는 점에서 이 시스템에 의해 발생할 수 있는 오류를 극복하는 것이 문제해결의 초석이라고 할 수 있을 것이다. 느린 사고 시스템의 활성화를 바탕으로 빠른 사고 시스템에 필요한 정보를 제공하는 방식으로 두 개의 시스템이 유기적으로 작용할 때 고품질의 생각이 가능하게 된다.

제한된 정보처리 능력의 극복

인간의 정보처리 능력은 매우 제한적이어서 중요하다고 판단하는 부분에만 주의를 기울인다. 이로 인해 소실되는 정보가 다수 있고, 심지어는 주의를 기울이는 정보에 따라 같은 상황을 다르게 해석하기도 한다.

이를 보완하려면 자신이 주의를 기울이는 정보가 중요하다는 착각, 즉 '주의의 착각'에서 벗어나서 상황을 꼼꼼히 관찰하고 정확히 분석해야 한다. 이렇게 하면 중요한 정보임에도 주목하지 않는 실수를 줄일 수 있다.

선도 기업들의 특징 중 하나는 이러한 주의의 착각에 빠지지 않고 정확한 상황 인식을 바탕으로 투자를 진행한다는 것이다. 경쟁사에서 신제품을 출시하면 대개는 그 제품에 주의를 기울이고, 비교우위를 갖는 제품의 출시를 서두른다. 하지만 경쟁사 또한 제품 개선에 힘을 쏟고 있기에 이런 노력은 대부분 큰 성과로 이어지지 않는다.

또한 질적으로 다른, 기존 시장을 완전히 뒤바꾸는 제품이 출시되면 비교우위를 차지하려는 작업은 무의미해진다. 이렇듯 단순한 비교우위로는 해당 생태계를 선도할 수 없기에 시장 자체를 바꾸는 제품의 개발을 위해 노력해야 한다.

다이슨Dyson의 청소기, 스피도Speedo의 패스트스킨fastskin 수영복, LG전자의 스타일러와 스탠바이미 등은 고정관념을 넘어서서 시장을 선도한 대표적인 사례라고 할 수 있다. 예를 들어, LG전자의 스탠바이미는 크기와 화질에 초점을 맞추고 대형화 및 고급화에 집중하는 TV 시장의 틈새를 노려 27인치의 작은 화면으로 출시했다. 가족이 거실에 모여 함께 TV를 시청하기보다 개개인이 스마트폰으로 영상을 보는 트렌드에 주목하여 집 안 어느 곳에서나 스마트폰을 연결하여 볼 수 있는 방식을 제공한 것이다. 이런 제품은 비교우위가 아닌 생태계 선도가 중요하다는 것을 다시금 확인하게 해준다.

기억의 편향과
생각의 고착 극복

'백문이 불여일견'이라는 표현에서 알 수 있듯 본인의 직접 경험에 대한 확신과 믿음의 정도는 과할 정도로 크게 나타난다. 특히 이러한 경향은 경험이 많을수록, 직급이 높을수록 자주 그리고 강하게 나타날 수 있다. 인간의 기억은 정확한 저장과 계산을 목적으로 만들어진 시스템이 아님에도 우리는 이 점을 착각할 때가 많다. 같은 사고 장면을 목격했음에도 목격자들의 증언이 일치하지 않는 경우는 우리의 정보를 있는 그대로 머릿속에 집어 넣는 것이 아니라 자신의 관점에 맞춰 정보를 이해하고 해석한 이후 그것을 머릿속에 기억하고 있다가 나중에 본인이 기억한 대로 사고 장면을 재구성하기 때문에 나타나는 현상이다.

이때 흥미로운 점은 자기 기억에 대한 확신이 매우 높아 웬만해서는 자신의 주장을 바꾸지 않는다는 것이다. 하지만 수많은 연구들을 통해 우리의 목격자 기억이 매우 쉽게 왜곡될 수 있다는 것이 밝혀졌다. 따라서 자신의 기억이 옳다고 강하게 확신할 때에도 혹시 그것이 잘못되었을 가능성을 염두에 둘 필요가 있다.

기억의 편향은 또한 생각의 고착을 부르기도 한다. 여러 팀에게 문제를 주고 해결책을 받아 살펴보면 구성원이 내놓은 제안들은 대부분 팀별로 비슷하다. 이는 각 팀에서 구성원들이 경험한 바가 크게 다르지 않고, 그로 인해 기억의 구조까지 유사해졌기 때문이다. 그러나 누구도 팀원의 기억이 비슷한 경험에 의해 편향되었을 가능성을 인식하지 못한다.

또한 생각을 특정 방향으로 유도하거나 생각의 범위를 한정하면 다양한 생각을 할 가능성이 줄어든다. 특히 주어진 문제와 관련된 구체적 사례를 접하면 생각의 방향까지도 그 예에 고착되는 경향이 나타난다. 가령 외계 생명체를 그려보라는 과제를 주었을 때, 참고할 만한 예시를 문제와 함께 제시했는가에 따라 결과물이 극명하게 달라진다. 예시를 접하지 않은 사람들 중 일부는 매우 새로운 외계 생명체의 모습을 제안하는데, 참고할 만한 예시를 접한 사람들은 대개 다른 방향으로 생각을 확장하지 못하고 그 사례의 틀을 벗어나지 못하는 결과물을 내놓는다.

요약하자면, 사례를 주거나 방향을 제시하면 생각은 빠르게 하지만 결과물은 평범할 가능성이 크다. 반면 사례를 제시하지 않으면 생각은 느리고 오래 걸릴 수 있으나 결과물은 참신할 가능성이 높다. 평범한 생각은 결국 평범한 결과를 내놓는다는 것을 다시 한번 상기해보자.

스스로 잘 알고 있다는
착각의 극복

문제의 이해와 마찬가지로 문제의 해결 과정에서도 메타인지가 주는 함정, 즉 알고 있다는 착각의 극복이 필수적이다. 문제의 해결 과정에서도 대부분 자신에게 익숙한 방식이나 이전에 적용했던 해결책을 별다른 고찰 없이 관성적으로 다시 적용하는 경우가 많은데, 이때 정확한 상황 분석이 이뤄졌는지에 대한 확인이 선행되는 경우는 쉽게 찾아보기 어렵다.

이를 극복할 수 있는 가장 간단한 방법으로 설명하기와 계획하기를 들 수 있다. 문제해결 과정을 세분화해서 계획하고 이를 다른 사람에게 설명해보는 과정에서 자신이 놓치고 있는 혹은 부족한 부분을 발견할 수 있을 것이다.

소음이 심한 자동차를 수리할 수 있다는 자신감, 딸의 수학 숙제를 도와줄 수 있다는 자신감, 주어진 업무를 빠른 시간 내에 처리할 수 있다는 자신감은 대부분 특정 상황이나 과제에 익숙하다고 판단하기 때문에 나타난다. 그런데 실제로 그 상황에 들어가는 순간, 자신감이 당혹감으로 변하는 것은 순식간이나. 실제로 자신감의 정도를 비교해보면 과제를 시작하는 시점에 종료 시점에 비해 자신감이 훨씬 크게 나타나는 것을 볼 수 있는데, 이 차이를 줄이는 것이 착각을 극복하는 데 매우 중요하다고 할 수 있다.

보이는 것,
그 이상의 고민

마시멜로 챌린지에 대해 들어본 적이 있는가? 20개의 스파게티, 약 90cm의 테이프, 약 90cm의 실 그리고 대형 마시멜로 1개 등의 재료를 이용해 제한시간 18분 안에 마시멜로를 가장 높은 곳에 올려놓으면 우승하는 경기다. 여기에는 여러 전문가들이 참여했는데, 당연히 가장 높게 쌓은 팀은 건축이나 토목 관련 전공을 한 공학도였다. 그런데 이들을 제외한 팀들 중에서 예상을 벗어나는 결과가 나타났다. 유치원생이 MBA 학생들보다 더 높은 구조물을 만든 것이다. 보통 구조물의 높이는 60cm였는데 MBA학생들이 만든 것은 30cm, 유치원생들이 만든 것은 1미터였다.

MBA 학생이 유치원생보다 안 좋은 결과를 보였다는 것이 언뜻 이해되지 않을 수 있다. 의외로 답은 경험에 있었다. 건축을 전공한 사람들과 같이 그 경험이 문제해결에 직접적인 관련이 있는 경우에는 경험은 문제해결에 큰 도움을 주지만, 그렇지 않은 경우에는 경험이 오히려 자신의 주장을 고집하게 하고 생각의 지름길에 의존하게 만들기 때문에 실행에 방해가 된다.

문제해결을 위해 생각을 제대로 하려면 보이는 것에 얽매이지 않고 그걸 넘어서는 계획을 세워야 한다. NASA에서 아폴로 우주선 개발 계획의 핵심적인 역할을 담당했던 폰 브라운Wernher Von Braun 박사는 아폴로호의 무게를 애초에 34톤으로 예상했다. 그러나 개발 과정에 다양한 돌출 변수가 있을 것으로 예상해 훨씬 강력한 추진 로켓을 개발했다. 아폴로호의 최종 무게는 45톤 정도였는데, 만약 폰 브라운 박사가 미리 이러한 변수를 고려하지 않았다면 실제 발사에 성공하기까지 훨씬 더 오랜 시간이 걸렸을 것이다. 보이는 길을 넘어서는 고민이 필요한 이유다.

생각의 오류와
편향을 막는 복기

　　　　　바둑에 관심이 없다면 복기復棋라는
단어가 생소할지 모르겠다. 복기란 바둑에서, 한 번 두고 난 바둑
의 판국을 비평하기 위해 경기에서 두었던 대로 다시 처음부터 바
둑돌을 놓아보는 것을 말한다. 생각을 할 때도 복기를 적용해볼 수
있는데, 복기에는 놀라운 영향력이 숨어 있다. 우리는 복기를 얼
마나 자주 할까? 복기를 하기는 할까? 성공하면 자기가 잘한 것만
생각하고 실패하면 상황 탓을 하는 장면을 어렵지 않게 관찰할 수
있는데 복기는 이런 가능성을 차단해준다. 크게는 문제해결을 위
해, 프로젝트의 성공을 위해, 작게는 생각의 오류와 편향에서 벗어
나기 위해 항상 복기해야 한다.

　생각의 오류와 편향을 막기 위해서는 '나에게도 오류와 편향이
있다'는 인식에서 출발해서 복기로 마무리해야 한다. 오류와 편향
의 재발생을 막아줄 핵심적인 방법이다.

　프로 바둑기사는 대국 중에 '다음 수를 이렇게 두면 어떻게 될
까? 그에 대한 상대의 반응은 또 어떨까?'를 지속적으로 고민한다.
하지만 대국이 끝난 뒤에도 바로 대국장을 떠나는 것이 아니라 방
금 맞서 싸웠던 상대와 자신이 대국 중에 했던 생각들을 서로 이야
기하며 여러 가지 다른 시나리오들을 살펴보는 복기 시간을 갖는

다. 이 과정을 통해 자기도 모르게 생각의 지름길을 사용하지는 않았는지 확인할 수 있으며, 더 나아가, 가보지 않은 길, 예상하지 못한 길을 갔다면 어떻게 되었을지에 대해서도 상상해본다.

2011년 동일본 대지진 후 도요타 자동차는 부품 수급에 상당한 어려움을 겪었다. 자동차 하나에는 수많은 부품들이 들어가고, 이러한 부품들 중 일부라도 부족하게 되면 전체 자동차 생산에 막대한 차질을 초래하기 때문에 완성차 업체에서는 파업이나 화재 등 다양한 변수를 고려하여 복수의 부품업체를 공급망으로 구축하는 것이 일반적이다. 따라서 도요타도 역시 복수의 부품 공급업체들로부터 부품을 공급받았다. 그럼에도 불구하고 도요타가 부품 문제로 막대한 생산의 차질을 겪은 이유는 특정 부품을 공급하는 업체들이 지속적인 인수 합병을 통해 사실상 한 개의 업체로 개편되었는데 그 업체가 대지진 피해를 보았기 때문이다. 즉 계획 당시에는 여러 변수를 충분히 고려하여 복수의 부품업체를 선정했으나 그 이후에는 공급망 자체의 변화와 같은 추가적인 변수에 대한 고민을 하지 않았던 것이다.

이러한 현상은 일본과의 무역 갈등을 통해서도 드러났다. 비용과 품질만을 고려하여 특정 국가의 업체들에게 핵심 부품을 의존하게 되면 상대국과의 갈등과 같은 정치적인 문제가 확대되었을 때 그 피해를 막을 방법이 없게 될 가능성이 크다. 세상에 완벽한 것은 없고, 예측한 대로 흘러가지도 않는다. 때로는 위기가 기회가 되기도 한다. 일본의 소재 수출 규제가 우리나라에 영향을 미치는 것보다 일본의 소도시 경제에 더 큰 악영향을 주게 되리라 예측했다면 일본 정부는 소재 수출 규제와 같은 무모한 결정을 하시 않았을 것이다.

또 다른 예로 우리나라 양궁 선수들의 실력은 너무나도 압도적이어서 올림픽 금메달보다 국가대표로 선발되는 것이 더 어렵다고 한다. 세계양궁협회에서는 우리나라의 독점을 막기 위해 지속적으로 경기 규정을 변경시키기도 했는데 아시다시피 그 효과는 별로 크지 않아 여전히 우리나라는 세계 양궁의 최강자로 자리잡고 있다. 우리나라 양궁 선수들이 탁월한 실력을 쌓기까지는 색다른 훈련시스템이 큰 몫을 한다고 알려져 있다. 바람이 심하게 부는 강가나 고층 건물의 옥상에서 연습이나 시합을 하기도 하고, 많은 관중들이 모여서 소리치는 축구 경기장이나 야구 경기장에서도 훈련을 하며 많은 변수들에 대처하게 하는 훈련시스템이 바로 그것이다.

우리가 모두가 양궁 국가대표가 될 수 없으며 가능한 경우의 수들을 다 테스트 해보는 것도 불가능에 가까운 일이다. 하지만 특정 사안에 대해 다양한 시나리오들을 고려해보는 것은 개인과 조직의 성장을 위해 매우 중요한 일이다.

사전 검시의
중요성

우리는 불확실성으로 가득한 세계에 살고 있다. 늘 예측하기 어려운 일이 발생한다. 멀게는 IMF 구제금융부터 가깝게는 우크라이나-러시아 전쟁과 이스라엘-하마스 전쟁에 이르기까지 항상 불확실성의 연속이다. 이러한 불확실성 속에서 혹자는 예측할 수 없는 사건이기 때문에 예방 대책을 세우기 어렵다고 한다. 하지만 이러한 불확실성의 증가는 역설적으로 이에 따른 리스크 관리의 중요성과 필요성을 보여준다고 할 수 있다.

리스크 관리를 위해 제시된 방법 대부분은 사례 분석을 통해 문제점을 정리하고 유사한 사건이 발생했을 때 적용할 수 있는 계획을 수립하는 것이다. 이러한 방법으로 예상치 못한 사건이 발생하여 전혀 다른 결과가 나타났을 때 그 원인을 추론하여 이후에 같은 사건이 발생했을 때의 실패를 방지하고자 하는 것이다.

예를 들어, 사망 원인을 확인하기 위해 부검을 하듯이, 실패 원인을 규명하기 위해 여러 가지 사후분석 방법을 적용한다. 미美 육군의 사후분석After Action Review, AAR과 병원 전공의들의 질병과 사망 Morbidity and Mortality, M&M 등을 들 수 있다. 특히 미 육군의 사후분석은 기업에서도 실패 원인 분석 기법으로 많이 활용한다. 이 방법은 책임 추궁이 목적이 아니라 재발 방지를 위한 학습의 기회를 제공하기 위해 고안되었다.

그런데 이와 같은 일종의 사후 부검post-mortem 방식을 적용하게 되면, 사건 발생 후 원인을 추론하는 과정에서 왜곡이 발생할 수 있다. 사건이 이미 일어난 뒤 결과를 보고 분석이 이뤄지기 때문에 다양한 선입견과 편향이 작용할 가능성이 크다.

대표적으로 사후 확신 편향hindsight bias이 작용할 가능성이 매우 크다. 사후 확신 편향은 사건의 결과를 확인한 후 분석을 진행할 때 그 결과 자체가 추론이나 해석에 영향을 미치는 것을 의미한다. 즉 결과가 좋았기 때문에 모든 과정이 다 적절했다고 판단하거나 결과가 나빴기 때문에 각 단계에서의 잘못된 점을 지나치게 부각하거나 사전에 예측할 수 있었다고 판단하게 되는 것이다.

이외에도 관련 정보 분석 시 주의attention의 영향 역시 매우 중요하다고 볼 수 있다. 모든 정보에 주의를 기울여 분석하는 것이 현실적으로 불가능하기 때문에, 때로는 중요하다고 착각하는 정보에만 과도하게 주의를 기울이게 되고 이로 인해 편향된 결론을 도출해낼 가능성이 있다.

이를 보완하기 위해 사전 검시를 사용한다. 사전 검시는 게리 클라인Gary Klein이 고안하고 대니얼 카너먼에 의해 알려진 개념으로, 실패를 미리 가정하고 그에 대한 분석을 통해 대비책을 고민해보는 일종의 예기적 사후 가정prospective hindsight이라 할 수 있다. 즉 어떤 일이 이미 벌어졌다고 상상함으로써 깨달음을 얻는 기법으로, 결과를 상상해보지 않았을 때보다 훨씬 더 많은 원인을 찾을 수 있게 해주며, 그 이유에 대해서도 훨씬 더 구체적이고 정확한 설명을 이끌 수 있다.

특히 사전 검시는 발생하지 않은 결과에 대해 논의하기 때문에 의견을 낼 때 부담감을 가질 필요가 없다는 장점이 있다. 또한 사후 분석으로 인해 나타나는 편향의 영향을 일정 수준 제거할 수 있다. 더 나아가 사전 검시는 나의 판단 결과와 그에 따른 예측, 그리고 실제 결과를 기록함으로써 해결책(결정 사항)에 대한 옳고 그름을 점검하고 다양한 조망을 갖게 한다.

항공기 취소와 같은 사태는 사전 검시의 직접적인 효과를 보여준다. 항공기의 비행 일정은 다양한 이유로 바뀌거나 취소되기도 한다. 이러한 일이 발생하면 변경이나 취소 자체로 인해 엄청난 비용이 발생함은 물론 항공사의 이미지에도 상당히 안 좋은 영향을 주게 된다. 이를 위해 사전 검시를 실시한다고 가정해보자. 누군가는 테러를 떠올릴 수 있고, 누군가는 컴퓨터 예약 시스템 고장과 같은 단순한 설명을 생각해냈을 수도 있다. 혹은 화산 폭발로 인한 항공기 일정의 전면 취소도 가능한 시나리오 중 하나일 수 있다. 이렇게 다양한 시나리오를 미리 떠올리고 준비한다면 실제로 문제가 발생했을 때 신속하게 대비할 수 있을 것이다.

실제로 수년 전 한 항공사에서 3일 동안 약 2,000건의 비행이 취소되었던 일이 있다. 퓨즈 문제로 발생한 고전압 스파크가 변압기에 손상을 입혔고 이로 인해 서버 작동이 멈추었으며, 마침 백업 시스템도 작동하지 않아 예약시스템이 멈춘 것이었다. 만일 이 항공사에서 사전 검시로 이러한 시나리오에 대한 대비책을 세웠더라면 당황하지 않고 대처할 수 있었을 것이다.

사전 검시의 매력은 상상할 수 없는 것을 상상하는 것이다. 선례가 없는 계획은 실행 과정에서 발생할 수 있는 다양한 변수에 미리 대비해야 한다. 그러나 참고할 과거 경험이 없으면 계획에 내재된 불확실성을 사전에 감지하기가 어렵다. 카너먼은 이럴 때 '외부적 시각outside view'을 채택하는 방법이 도움이 된다고 조언한다. 즉 지금 수립 중인 계획을 타인의 입장에서 바라보는 것이다. 경쟁 업체의 계획을 보고 그 문제점을 평가하게 하면 평소에는 잘 보이지 않던 부분들이 눈에 들어 온다. 사전 검시도 마찬가지다. 와튼 스쿨 데버라 미첼Deborah Mitchell 교수 연구팀 결과에 의하면 사전 검시는 진행하고 있는 프로젝트 결과를 옳게 설정할 확률을 30% 향상시킨다.

✦ **생각해보기**

사고로 KTX 열차의 연착을 경험한 탑승객들에게 당시의 상황을 물어보면 아마도 흥미로운 결과를 얻을 수 있을 것이다. 같은 열차 내에서 같은 사건을 경험했음에도 열차가 어떻게 멈춰 서게 되었는지, 또 얼마나 오래 그 상태로 멈춰 있었는지 등에 대해 저마다 다른 답변을 내놓을 가능성이 크다. 심지어 이런 경우 자기가 기억하는 바가 매우 정확하다고 확신하는 경향을 보이기도 한다. 이처럼 무언가를 직접 경험하게 되면 자기의 기억에 대한 확신이 매우 높게 나타난다.

_____

_____

_____

✦ **실천해보기**

두 사람 이상이 같이 경험한 사건을 기술하여 비교해보면 기억의 편향을 쉽게 확인할 수 있다. 최근에 다녀온 가족여행에서 무엇을 어떤 순서로 경험했는지에 대해 가족들과 함께 이야기를 나누어보고 차이점을 비교해보자.

_____

_____

_____

✦ 생각해보기

곧 시작할 업무나 프로젝트의 종료 시간을 추정해보고 단계별 세분화된 계획을 세운 다음의 추정 시간과 비교해보자. 세분화를 위해 먼저 전체 프로젝트를 3단계로 나누어보자. 그리고 각 단계 별로 나시 3난계로 나누어보자. 더 이상 세분화하기 어렵다고 느낄 때까지 이를 반복해보자.

_____

_____

_____

_____

_____

_____

_____

_____

5장

현명한 판단과
의사결정의 심리학

판단과 결정에 대한 착각

신속한 결정이
좋은 결정이다?

정부 정책이나 기업의 전략에서 종종
속도전이라는 표현이 등장하곤 한다. 그런데 속도를 강조하면 정
확성의 손실이, 정확성을 강조하면 속도의 손실이 일정 부분 발생
한다는 것은 주지의 사실이다. 이는 결정에서도 마찬가지로 적용된
다. 즉 빠르게 내린 결정일수록 그것에 오류가 동반될 가능성이 더
높다는 뜻이다. 카너먼의 용어를 빌리자면, 빠르게 내린 결정일수
록 느린 시스템의 도움 없이 성급하게 내린 결정일 가능성이 있다.

그런데 간혹 신속한 결정은 곧 우수한 결정이라고 착각하는 경우가 있다. 초보자에 비해 전문가는 당연히 빠르고 좋은 결정을 내리겠지만 수준이 같은 전문가들 사이에서라면 빠른 결정이 더 좋은 결정일 거라 장담하기가 어렵다. 신속한 결정을 내리는 사람은 마치 엄청난 능력의 소유자로 보일 수 있으나, 방금 이야기한 바와 같이 결정의 오류에 빠질 가능성이 더 높기 때문이다.

그럼에도 사람들이 빠른 결정을 선호하는 이유는 심사숙고와 우유부단함을 혼동하고 있기 때문이다. 후자는 어떤 것을 결정하는 데 있어 불안 등으로 인해 지속적으로 망설이는 상태를 뜻하므로 신중한 결정을 내리는 데 필수적인 심사숙고와는 구별해야 한다.

매체에 종종 등장하는 즉문즉답 형태의 대화는 신속한 결정에 대한 환상과 선망을 유발하곤 하는데, 그 답변을 자세히 살펴보면 일반적인 이야기를 하는 경우가 대부분이다. 질문자 개인의 정확한 상황이나 특성을 모르는 상태에서 나오는 답변은 성급한 일반화의 오류를 보일 가능성이 높다고 할 수 있다.

조직에서도 마찬가지로 신속하게 결정하는 구성원을 무조건 높게 평가하는 오류를 범하곤 한다. 물론 빠른 결정이 필요한 상황도 있지만 실행에 앞서 동반될 수 있는 문제점을 다양한 방식으로 고민할 때 더 좋은 결정을 내릴 수 있다는 점을 명심해야 한다.

감정은
결정에 해가 된다?

합리적이고 이성적인 결정이 좋은 결정이란 인식 때문에 그동안 우리는 모든 의사결정 과정에서 감정을 배제해야 한다고 배웠다. 감정은 주관적 요소인 데다 상황에 따라 바뀌어서 일관된 결과를 도출하는 데 방해가 될 수 있다는 이유에서였다. 하지만 감정을 배제하는 것은 거의 불가능한 일이며 감정은 오히려 결정에 반드시 필요한 요소다. 감정을 담당하는 뇌 영역이 손상되면 입을 옷을 고르는 것과 같은 기본적인 결정조차 하지 못하게 된다.

불쾌한 냄새를 맡는 것만으로도 도덕적 평가가 엄격해진다거나, 내가 직접 고른 대상이나 내 손에 한 번이라도 닿은 대상을 그렇지 않은 대상보다 선호한다는 것을 밝힌 많은 연구 결과는 감정이 결정이나 평가에 핵심적 역할을 하는 요소임을 다시 한 번 확인시켜준다. 무더운 여름에는 공포 영화의 관람객이, 추운 겨울에는 로맨스 영화의 관람객이 증가하는 것도 감정이 결정에 영향을 미친다는 사실을 보여준다. 또한 특정 감정을 유발하는 사소한 단서에 의해 결정이 바뀌는 경우나 감정을 통해 결정을 유도하는 경우도 종종 볼 수 있다.

그런데 시선을 조금 바꿔 바라보면 합리적이고 이성적인 결정만

이 모두를 만족시키는 좋은 결정을 끌어내는 것도 아니다. 결정하는 사람이 현재 느끼는 만족감에 따라 좋은 결정에 대한 판단이 달라질 수도 있다. 따라서 감정을 애써 무시할 것이 아니라 감정의 영향을 인정하고 분석하는 것이 현명하다.

감정이 우리의 판단에 미치는 영향을 살펴보자. 감정이 합리적 판단과 결정에 얼마나 중요한 역할을 하는지 보여주는 연구가 있다. 이 연구에서는 두 가지 종류의 선택지가 주어졌는데 하나의 선택지는 즉각적인 보상이 자주 있지만 때때로 큰 손실을 발생시키기도 해서 장기적으로 보았을 때 손해를 가져오는 선택지이고 다른 하나는 즉각적인 보상은 작지만 손실도 적어 장기적으로 보았을 때 이득을 가져다주는 선택지다. 연구가 진행됨에 따라 사람들은 대체로 자신에게 장기적인 이득을 가져다주는 선택지를 선택할 수 있었으나 감정에 관여하는 뇌 영역이 손상된 사람들은 즉각적인 보상이 있지만 장기적으로 손해를 주는 선택지를 지속해서 선택하는 경향성을 보였다. 연구에서는 피부전기반응Skin Conductance Response, SCR을 통해 사람들의 감정 상태를 측정했는데, 정상인은 과제 수행 중 조건에 따라 높은 정서적 반응을 보였지만 뇌손상 환자들은 이러한 반응이 나타나지 않았다. 이러한 결과는 감정이 의사결정 과정에서의 위험을 예측하고 이득을 주는 행동을 선택할 수 있도록 돕는다는 것을 보여준다.

그렇다고 감정이 올바른 판단에 언제나 도움이 된다고 이야기하는 것은 아니다. 운전 중 화가 나게 되면 공격성이 증가하고 운전 실수도 나타난다. 또한 불안한 사람들은 미래에 부정적인 사건이 발생할 확률이 크다고 생각하여 위험을 감수하기보다는 보다 안정적이고 보수적인 의사결정을 하려는 경향이 있다. 반면 슬플 때는 현재에 더 집중하여 즉각적인 보상을 받을 수 있는 선택을 하는 경향이 커진다. 그렇다고 행복한 상황에서 더 올바른 결정을 하는 것은 아니다. 행복한 사람들은 현재가 만족스러워 그 상태를 유지하려는 경향이 있으며 즉흥적이고 휴리스틱에 의한 판단을 하는 경향이 커진다(기분이 좋으니까!).

유명한 인지신경과학자인 안토니오 다마지오Antonio Damasio의 신체 표지 가설Somatic Marker Hypothesis에 따르면 결정은 감정이 이끄는 처리 과정이다. 기존의 결정 이론들은 감정을 배제하고 합리적이고 논리적인 추론을 통해 결정을 해야 한다고 제안하는 것에 반해, 신체 표지 가설은 감정이야말로 불확실한 상황에서도 결정을 할 수 있도록 하는 주요한 요인이라는 것이다. 이 가설에 따르면 우리가 무언가를 결정하려 할 때 인지적인 노력만으로는 한계가 있어서 불안이나 행복과 같은 감정이 이끄는 신체적 반응, 즉 근육의 긴장이나 심박수의 변화가 뇌로 전달되면 이러한 신체 반응을 참고하여 의사결정 과정의 정확성과 효율성을 높인다. 실제로 감정의 처리와 관련이 깊은 뇌 영역인 안와전두피질이 손상된 환자들은 지적 능력에는 큰 문제가 없으나 의사결정에 큰 장애를 보이기도 하며, 개인이나 사회적으로 별로 의미없는 과제의 수행에는 문제가 없으나 삶에서 중요한 결정에는 어려움을 겪는다.

물론 올바른 결정을 위해서는 감정에서 잠시 떨어져 있는 것도 필요하다. 기분이 나쁘거나 좋은 상태에서 중요한 결정을 하는 것은 위험하다. 기분 좋을 때나 화가 났을 때는 잠시 산책을 하거나 최소한 심호흡을 하면서 혹시 내가 성급하게 결정하고 있는 건 아닌지 잠시 고민해보자. 결정 전에 불안할 때는 너무 보수적으로 판단하고 있는 것은 아닌지 생각해보고, 슬플 때는 너무 현재의 이익에만 집중하는 것이 아닌지를 생각해보자. 이렇게 하면 감정 때문에 결정이 잘못될 가능성을 줄일 수 있다.

하지만 감정이 없으면 결정도 없다. 중요하고 가치 있는 것을 결정할 때는 특히 더 그렇다. 따라서 감정을 배제하고 결정한다는 것은 애초에 가능한 일이 아니라는 것을 기억하고 너무 인공지능처럼 판단하려고 하지는 말자.

무조건
열심히 하면 된다?

　　　　　　　　우리나라는 사람을 평가할 때 성실함
에 높은 가치를 부여하는 편이다. 그러나 최근엔 '성실의 배신'을
체험하고 이에 대해 호소하는 이들이 증가하고 있다. 자신에게 주
어진 일은 무엇이든 성실하게 수행했지만 당황스러운 결과를 얻
게 되기도 하면서 공허함을 느낀다는 것이다. 기술이 인생을 담보
하던 시대에는 한 우물만 성실하게 파면 되었으나, 지금은 그 우물
이 더 이상 필요없게 되는 일도 생긴다. 이런 현상은 성실에 대한
재평가가 이뤄져야 한다는 점을 보여준다.

　성실을 유독 강조하는 한국 문화에선 '무조건 열심히 하면 된다'
는 말을 마치 절대적으로 중요한 가치인 듯 취급해왔다. 하지만 이
를 그저 맹목적으로 강조하는 것은 곤란하다. 조직이나 사회는 구
성원이 무엇을 위해서 성실이라는 투자를 해야 하는지 보여주어
야 하고 구성원은 이를 확인할 수 있어야 한다.

　'성실의 배신'은 왜 발생하는 걸까? 핵심은 단순히 무조건 열심히
수행하는 성실이 아니라 목표에 부합하는 목적과 적절한 계획에
따라 수행하는 성실을 추구해야 하는데 적절한 목표와 계획 수립
에 실패했기 때문이다. 맹목적으로 그저 열심히만 하는 것은 오히
려 투자한 노력과 자원에 대한 보상을 받지 못할 가능성이 높일 수

도 있다. 적절한 보상이 없는 투자를 누가 지속할 수 있을까?

그저 열심히만 하면 된다는 생각은 제대로 된 계획을 세우는 데 방해가 될 수 있다. 이와 관련한 대표적인 현상이 계획 오류planning fallacy다. 출발 지점에서 목표 지점에 다다를 때끼지 여러 가지 어려운 상황을 겪는 것은 매우 흔한 일이다. 이를 위해 세부적인 계획을 세우는 것이 아니라 그저 열심히 하겠다는 다짐만 한다면 예정된 일정에 맞추어 일을 마무리하는 것은 어려울 것이다. 게다가 전체 계획을 하나의 단위로 보고 예상 시간을 추정하게 되면 이런 오류는 더욱 자주 나타난다. 전체 계획의 수행은 작은 단위 하나하나의 수행이 연속되어 이뤄지는 과정이므로 계획은 처음부터 최대한 세분화하여 수립해야 하고 다양한 변수를 염두에 두어야 한다.

국가대표 축구 경기를 시청하다 보면 후반 30분이 넘어가면서 중계하는 사람들이 "이제부터는 정신력 싸움이다. 한 발짝 더 뛰는 것이 중요하다."라는 말을 하는 것을 들을 수 있다. 은연중에 '더 열심히 해라'를 주문하는 것이다. 하지만 그 시점에 성실성보다 더 중요한 것은 지금까지의 전략이 적절했는지, 예상과 다른 변수들이 있었는지를 고려하고 앞으로 어떤 전술의 변화를 주는 것이 효과적일 것인가를 평가하고 적절한 시점에 이를 시행하는 것이다. 감독과 코치의 상황에 따른 올바른 전략 수립과 이를 수행할 수 있는 선수들의 역량이 없다면 더 열심히 해도 안 될 가능성이 크다.

'왜' 하는지가
왜 중요할까

인간은 기본적으로 사건의 원인과 결과, 즉 인과관계를 지속적으로 탐색하고 행동의 결과를 예측한다. "왜?"라는 질문은 인간의 지식 축적 활동에서 중요한 역할을 한다. 그래서 아이들은 항상 질문을 한다. 그런데 부모는 이 질문이 꽤나 부담스럽다. 꼬리에 꼬리를 물고 계속해서 "왜?"라고 물을 때, 지친 나머지 슬며시 말을 돌리거나 자리를 피한 경험은 어느 부모에게나 있을 것이다. "왜?"라는 질문이 이렇게 부담스러운 이유는 무엇일까?

우리가 해당 주제와 관련해 알고 있는 지식의 양 또는 깊이가 부족하기 때문이다. 주변 사람과 특정 사건이나 대상에 관해 이야기하다가 조금 깊은 수준의 질문을 받으면 말문이 막히는 경우가 있는데, 이 또한 같은 이유에서 나타나는 현상이다. 알고 있는 바가 모두 바닥나 더 이상 대답할 내용이 없음에도 또다시 "왜?"라는 질문을 받으면 누구든 부담을 느끼는 것이 당연하다. 그리고 이런 과정에서 우리는 자연스럽게 "왜?"의 추구를 포기하는 대신 "어떻게?"와 같은 방법에 치중하는 질문으로 초점을 옮기곤 한다.

이런 분위기에서는 "왜?"라는 질문을 던지는 것이 사치스럽거나 소모적인 일이란 느낌이 들 수 있다. 특히나 속도전을 강조하는 우리나라에서는 이 질문을 던지는 사람을 쓸데없는 것에 불필요한 관심을 두는 사람으로 취급한다. "왜?"라는 질문은, 하기 싫어서 하지 말아야 할 이유를 찾는 사람들의 핑계로 간주되며 "어떻게?"를 묻는 사람은 의욕적인 사람으로 여기며, "어떻게?"를 설명하는 사람은 유능한 사람으로 인정받는다. "왜?"라고 묻는 일이 점점 더 어려워지는 이유다.

하지만 입사 면접에서의 단골 질문은 "우리 회사가 당신을 '왜?' 뽑아야 합니까?"이고 직장인들이 제일 힘들어하는 순간은 "도대체 이 일을, 이 회의를 '왜?'하는지" 의문이 들 때다. 우리는 '왜?'가 중요하다는 것을 너무나 잘 알고 있지만 애써 외면하고 있다.

'왜?'는 행동을 추진할 수 있는 동기를 유발한다는 점에서도 매우 중요하다. 어떻게 해야 하는지에 대한 방법을 알려주면 단기적으로야 그대로 따라 하게 만들어 끌고 갈 수 있다. 하지만 그렇게 해야 하는 이유를 알지 못하는 상태에서 누군가가 말한 것만을 따라 하다 보면 모든 조직에서 그토록 바라는 주인의식을 가지고 주도적으로 일하는 도전적인 사람들이 금방 지쳐버리고, 설사 그렇게 해서 성공한다 해도 남는 것은 별로 없다는 사실을 기억해야 한다.

또한 실적이나 업적의 압박 혹은 조직의 특성으로 효율성과 속도를 강조하면 구성원들은 성과를 낼 방법만을 찾기 마련이다. 이런 방식은 일시적으로 효과를 거둘 순 있어도 장기적으로 조직의 역량 증진에 도움이 되지 않는다. 게다가 조직의 창의적 역량이 발휘될 가능성을 막아버린다. 구성원들이 호기심과 고민을 통해 자발적으로 해답을 찾아나갈 기회를 차단하기 때문이다. 이런 점을 자각하고 인지하지 않는 한, 개인과 조직의 발전은 없다고 해도 과언이 아닐 것이다.

자기결정이론에 따르면 개인에게 행동의 이유나 노력의 영향에 대한 정보를 제공하는 것이 중요하며, 특히 이 정보가 개인의 목표와 가치에 부합할 때 동기가 부여되고 자율성을 느끼게 된다고 한다. 『스타트 위드 와이Start with Why』라는 책의 작가이자 유명한 강연자인 사이먼 시넥Simon Sinek은 우리가 무엇을 할지what, 어떻게 할지how를 고민하는 것보다 왜 하는지why를 먼저 고민해야 한다고 제안하고 있다. 왜 하는지를 이해해야만 스스로 하고 싶은 동기가 생기기 때문이며 동기가 바로 자율성과 혁신의 원천이기 때문이다.

<감정은 결정에 해가 된다? 편>

✦ **생각해보기**

"합리적으로 생각해봐."라는 말은 사실 '내 의견에 동조해.'라는 무언의 압력을 담고 있을 때가 많다. 감정과는 거리가 먼 형태의 말이지만 그 안에는 본인이 만족하는 답을 하라는 의도기 숨이 있는 것이나. 특히 직급이 높은 사람일수록 이런 표현을 많이 사용하는 경향이 있다. 최근에 비슷한 표현을 사용한(또는 접한) 적이 있는지 떠올려보고, 그 표현으로 어떤 감정적 영향을 주려 했는지(또는 경험했는지) 탐색해보자.

_____

_____

_____

<무조건 열심히 하면 된다? 편>

✦ **실천해보기**

다음 주에 해야 할 업무 계획을 다시 보고, 이를 최대한 세분화한 후 기존 계획과 예상 시간이 어떻게 달라졌는지 그 차이를 확인해보자. 또 예상 시간에서 차이가 나는 항목을 재검토하여 그런 차이가 발생한 이유를 파악해보자.

_____

_____

_____

결정 과정에 대한 이해

가장 만족할 만한
결정 전략

　　　　　　　항상 최고의 전략을 적용하여 최선의
결과를 가져올 수 있다는 것은 일종의 환상에 가까운 것임에도 많
은 조직에서 이를 강조한다. 과연 최고의 전략과 최선의 결과는 어
떻게 정의할 수 있는 것인가? 오히려 실제 상황에서는 정보처리
능력의 한계와 여러 제약 조건을 고려하여 그 상황에서 가장 만족
할 만한 전략을 적용하는 것이 최고의 전략일 수 있을 것이다.

　최고의 전략이 최선의 결과라는 착각은 평가 시점의 차이로 인해

발생할 가능성이 있다. 전략의 평가는 주로 결과에 의해서 이뤄지는데, 실제 전략을 선택하는 시점과 결과를 평가하는 시점이 동일할 수 없기 때문에 평가 기준 역시 달라지게 된다. 그렇다면 선택 시점의 최고 전략과 평가 시점의 최고 전략을 비교하는 것 자체가 무의미한 작업일 수 있다.

기억의 오류는 전략의 선택에도 상당한 영향을 준다. 인간은 자신이 적용해본 무수히 많은 전략 중 엄청난 성과를 거둔 전략이나 뼈아픈 실패를 낳은 전략만을 기억하려고 한다. 하지만 이러한 전략 역시 최고 혹은 최선의 전략이기보다는 해당 상황에서 가장 만족할 만하고 적절한 전략이라는 사실을 간과해서는 안 된다. 또한 대부분의 평가는 결과에 기반해서 이뤄지므로 좋은 결과를 가져온 전략이 최고의 전략으로 포장되는 경우가 대부분이다.

지난 경험이
결정으로 이어진다

앞서 설명했듯 인간에게는 누구나 확증편향이 있어서 일단 결정하고 나면 잘 바꾸지 않으려고 한다. 더불어 그 결정에 이르기 위해 투자한 노력과 자원이 클수록 결정을 바꿀 가능성도 낮아진다. 따라서 결정이 이뤄지기 전 단계인 정보처리 과정의 최적화는 최적의 결정을 내리는 데 있어 매우 중요하다.

단, 여기에서 말하는 '최적의 결정'이 가장 좋거나 가장 이상적인 결정을 뜻하는 것은 아님을 명심해야 한다. 최적의 결정은 오히려 주어진 자원과 제약 조건을 고려한 결정인 경우가 많다. 가령 가전제품을 고르는 소비자는 출시된 모든 제품을 비교·분석하기보다는 가용한 몇몇 정보를 바탕으로 소수의 후보를 선정하고 그중 하나를 선택하여 구매한다. 이러한 전략을 만족화satisficing라고 한다.

그래서 잘못된 결정을 초래할 가능성도 있지만 소비자의 상황, 인지적 부담 등을 고려한다면 적절한 전략일 수도 있다. 만약 만족화 전략을 쓰지 않는다면 TV 구매도 너무나 힘든 일이 될 것이며 발표 준비는 아무리 해도 끝이 없을 것이다. 만족화는 무한에 가까운 대안이 존재하는 상황(시중에 판매되는 TV의 개수가 얼마나 많은가?)에서 최선의 선택을 하기 위해 노력하는 것이고 인지적 과부화를 줄이고 적절한 수준에서 상황을 종결하여 다음 단계로 나아가게 하는 데 필수적이다. 하지만 사람마다 적절한 수준이 다르고 만족화의 정도도 다르다. 만족화 경향이 큰 경우 신속한 결정을 하지만 오류가 있을 가능성이 크다. 반면 만족화 경향이 약하면 결정을 잘 못하고 우유부단해질 가능성이 있다.

이처럼 정도의 차이는 있지만 시간과 자원에 제약이 있는 상황에서 사람들은 모두 만족화 전략을 사용하는데, 이때 주로 이용하는 것이 휴리스틱이라는 생각의 지름길이다. 휴리스틱은 시간과 자원을 아낄 수 있다는 면에서 확실히 효율적이다. 모든 가능성을 고려하는 것이 아니라서 오류를 범할 가능성 역시 상내석으로 증가할 수밖에 없긴 하지만 사람들은 그러한 오류가 발생할 가능성을 고려하지 않고 휴리스틱을 활용한 판단에 강한 확신을 보이는 경우가 잦다.

하지만 이러한 과정을 반복하다 보면 잘못된 믿음이 형성될 수도 있기에 유의해야 한다. 자신의 직접적 경험에 대한 확신과 믿음의 정도는, 대개 경험이 많고 직급이 높을수록 자주 그리고 강하게 나타나곤 한다. 또 효율적 결정을 위해 휴리스틱을 적용하고 그에 따라 도출된 결과물을 지나치게 확신하면, 그것을 비판적으로 바라보는 기회를 갖기가 어렵다. 이런 상황을 방지하려면 가용 자원과 제약 조건을 고려한 시나리오를 스케치 수준이라도 먼저 그려보는 것이 좋다. 같은 사물을 보고 그려도 모든 이들의 스케치가 똑같지 않듯 경험, 업무, 지식 수준, 만족화 경향, 사용한 휴리스틱의 종류 등의 다양한 이유로 각자가 생각하는 가용 자원과 제약 조건 역시 같을 수 없기 때문에 이러한 스케치는 서로 다를 것이고 결정으로 이어지는 과정에 보다 다양한 시나리오를 제시하여 더 나은 결정을 하는 데 도움이 될 것이다.

후회와
만족의 기제

인간을 지구의 지배자로 만든 중요 원동력 중 하나는 바로 상상력이다. 상상력은 미래에 발생할 일을 머릿속에 그려볼 수 있게 해준다. 현 시점에서의 구현 가능성과 무관하게 인간의 두뇌는 상상력을 바탕으로 다양한 예측을 하고 그 예측치에 대한 평가를 내린다. 이것은 인간만이 가진 특별한 능력이다.

상상력을 통해 예측하고 그에 대해 평가할 수 있는 능력 덕에 인간은 계획을 세우는 것이 가능하다. 계획 수립은 좀 더 나은 미래 가치를 위해 과감히 현재를 희생할 수 있게 해준다는 점에서 단순히 일정표를 만들어보는 것 이상의 의미가 있는 작업이다. 이런 면에서 결과에 대한 예측과 평가는 계획 수립에 있어 다른 무엇보다도 중요한 요소다.

계획 수립 시 주의 깊게 살펴봐야 하는 것이 있다. 객관적 정보 분석 이외에 예측 및 평가 과정에 개입할 수 있는 또 다른 요소들이다. 가령 어떤 계획을 진행한 결과가 부정적일 거라고, 혹은 그 결과로 인해 부정적 감정을 느낄 것으로 예측한다면, 그 계획을 추진할 사람은 별로 없을 것이다.

다시 말해 예측한 결과가 가져올 감정의 영향이 계획의 수립 여부나 방향에 상당히 크게 작용하는 셈인데, 가장 대표적인 것이 바로 후회와 만족이다. 후회와 만족이 서로 상반되는 개념이라 생각하기 쉬운데 사실 후회와 만족은 서로 독립적이어서 함께 나타날 수 있다. 중요한 프로젝트나 시험을 치르고 나서 "더 잘할 수 있었는데…"라는 후회와 "이만하면 충분히 잘했어."라는 만족이 동시에 느껴지는 경우를 생각해보면 쉽게 이해될 것이다.

하지만 후회와 만족의 차이도 분명하다. 후회는 주로 상대방이나 다른 것과의 비교를 통해 발생한다. 즉 여러 가지 대안을 고려하여 더 나은 대안이 있었을 것이라 판단되면 후회가 나타나게 된다. 따라서 후회할 가능성이 있다는 생각을 하게 되면 안전하고 조심스러운 선택을 하여 기존의 계획을 따르는 방식을 선택한다. 반면 만족은 상대적인 비교보다는 주관적인 가치 평가에 의해 나타나게 된다. 따라서 만족을 예측하게 되면 좀 더 주도적이고 진취적이며 새로움을 추구하는 방식을 선택한다. 그렇다고 만족이 후회보다 더 낫다는 것은 아니다. 계획을 제대로 수립하려면 '후회'에 초점을 두어야 하는 일과 '만족'에 초점을 두어야 하는 일을 혼동하지 않아야 한다. 일반적으로 거대한 장치산업과 같이 대규모의 투자가 필요하고 작은 실수가 큰 사고를 초래할 수 있는 상황에서는 후회에 초점을 두고, 스타트업이나 새로운 분야에 도전하는 경우에는 만족에 초점을 두는 것이 좋다.

불안을 극복하는
결정

인간이 가장 싫어하는 감정은 불안이다. 오죽하면 '매도 먼저 맞는 게 낫다'는 속담이 생겼을까 싶다. 매를 때리는 일은 물리적 힘을 요구하기에 당연히 시간이 갈수록 힘이 빠져 약해질 수밖에 없다. 그럼에도 먼저 맞는 편이 낫다고 이야기하는 건 자기 눈앞에 일어나는 광경을 보면서 차례를 기다릴 때 느낄 불안감이 훨씬 더 견디기 어렵기 때문이다. 이처럼 인간은 불안을 유발하는 상황을 잘 견디지 못한다.

불안은 특히 불확실성과 밀접하게 연결되어 있다. 결과가 잘 예측되지 않는 상황에서 많은 사람들이 결정을 망설이는 건 불안감과 그로 인한 생각의 위축 때문이다. 불안감은 불확실성이 커서 결과를 예측하기가 어려울수록 증가하고, 이렇게 불안감이 증가하면 그 상황을 빠져나가기 위한 방법을 찾기 위해 많은 인지적 자원을 사용하기에 생각이 위축되는 것이다.

그렇다면 불안의 영향을 줄이려면 어떻게 해야 할까? 일단 결과를 잘 예측할 수 있을 때 불안감이 줄어든다는 점부터 인식해야 한다. 그러나 모든 상황을 직접 경험하여 결과를 알아낼 수는 없기에 충분한 정보처리를 통해 결과를 예측할 수 있는 능력을 키우는 것이 첫 번째다. 이를 위해서는 전문성을 키우는 것이 중요하며 이분법적 사고가 아닌 확률에 근거하여 예측하는 습관을 갖는 것이 중요하다.

성과 미달, 조직 개편, 구조 조정 등의 이유로 조직이 불안감을 조성하면 구성원들은 무언가 새로운 것을 찾아나가기보다는 자신의 안위에 도움이 되는 소위 '안전한' 생각만을 하게 될 가능성이 커진다. 이러면 새로운 아이디어를 떠올리기도 어렵고, 설령 그것을 떠올린다고 해도 표현하기가 어려워진다. 불안의 감소가 최적화된 결정에 큰 역할을 하는 이유다.

확률에 근거한
결정

수치가 갖는 중요성은 과학이 발달하면서부터 서서히 커졌다. 과거에는 그저 대략적인 짐작에 그쳤던 통계나 확률과 관련된 정보 역시 계산기나 컴퓨터를 통해 점차 정확한 수치로 표현되기 시작했다. 하지만 인간은 본래 확률이나 통계 등에 익숙하지 않아서 이런 것들을 가급적 피하려고 하는 존재다. 또한 정확한 수치를 모두 기억하는 건 인지적 처리에 상당히 큰 부담이 될 수 있어서, 인간은 오히려 기억하기 쉬운 이야기로 만들어 저장하고 그것을 바탕으로 소통하는 경향을 보여왔다.

그러다 보니 이야기의 구성에 편향이 개입되어 많은 오류를 발생하게 한다. 다시 말해 통계나 확률을 회피하는 경향은 확률 계산을 요구하는 문제를 무시하거나 그 문제를 다른 방식으로 접근하게끔 만든다. 그래서 오류가 자주 발생하는 것이다.

기저확률은 어떤 사건이 일어날 확률인데, 우리가 판단할 때 이를 고려하는 것 같지만 사실 우리는 종종 기저확률을 무시한다. 기저확률을 무시하는 사례는 앞서 설명한 대표성 휴리스틱에서 스티브가 농부일 것 같은지 도서관 사서일 것 같은지의 질문을 들 수 있다. 설명한 바와 같이 전체 인구 중 농부가 도서관 사서보다 훨씬 많으므로 농부라 판단하는 것이 기저확률을 고려한 선택이지만 우리의 선택은 그렇지 않다.

대니얼 카너먼과 그의 단짝 동료이자 의사결정 연구에 탁월한 성과를 남긴 인지심리학자 아모스 트버스키Amos Tversky의 유명한 택시 문제를 생각해보자. 한 도시의 택시 중 85%는 초록색, 15%는 파란색이다. 밤중에 택시의 뺑소니 사고가 발생했고 목격자는 그 택시가 파란색 택시였다고 증언했다. 연구에 따르면 한밤중에 사고가 일어나 차의 색을 정확히 증언할 확률은 80%다. 이 경우 뺑소니 사고를 낸 택시가 파란색 택시였을 확률은 얼마나 될까?

많은 사람들이 80%라고 답했으나, 정답은 41%다.

파란색이라고 증언했을 때 실제 파란색 택시였을 확률은 파란색 택시의 비율×증언의 정확률(0.15×0.80=0.12)로, 즉 12%다. 뺑소니 택시가 초록색 택시였을 확률은 초록색 택시의 비율×증언이 틀렸을 확률(0.85×0.20=0.17), 즉 17%다. 기저확률을 구하는 공식인 베이즈 정리에 따라 계산해보면 파란색이라고 증언했을 때 실제로 뺑소니 사고를 낸 택시가 파란색 택시였을 확률은 41%다 (0.12/0.12+0.17=0.41).

'그럴 리가?'라고 생각되거나 '뭔가 이상한데?'라고 생각된다면 그것이 바로 우리가 기저확률에 대해 별로 고려하고 있지 않다는 증거다. 보다 쉬운 예를 생각해보자.

100명의 사람이 있는데 70명은 엔지니어이고 30명은 변호사다. 그중 한 명이 A씨다. 이 사람은 엔지니어일까, 변호사일까? A씨에 대해 아무런 정보가 주어지지 않았을 때는 사람들은 70%의 확률로 엔지니어라고 대답했다. 비율을 바꿔서 70명은 변호사고 30명은 엔지니어라고 제시하면 사람들의 반응도 비율에 따라 달라진다.

이번엔 100명 중 한 명인 B씨를 생각해보자. 올해 30세인 B는 기혼이며 2명의 자녀가 있다. 그는 정치, 사회와 관련된 문제에는 별 관심이 없으며 여유 시간의 대부분을 컴퓨터 게임을 하는 데 쓴다.

그는 엔지니어일까, 변호사일까? 사람들은 B씨가 엔지니어일 것이라고 생각한다. 이때는 100명 중 70명이 엔지니어이고 30명이 변호사인지 혹은 비율을 바꿔서 70명이 변호사이고 30명이 엔지니어인지가 상관없다. 설명된 B씨의 특징이 엔지니어 같기 때문이다. 물론 기저확률을 무시한 잘못된 판단이다. 100명 중 70명이 엔지니어인 경우에는 엔지니어 같다고 판단하는 것이 올바른 판단이고, 100명 중 70명이 변호사라면 변호사라고 판단하는 것이 올바른 판단이다.

이제 C씨를 생각해보자. 30세인 C씨는 미혼이고 아이가 없다. 그는 상당히 총명하고 자신의 분야에서 성공가도를 달리고 있다. 그는 동료들에게 인기가 많다.

C씨는 어떤가? 엔지니어일까? 변호사일까? C씨에 관한 설명은 전혀 엔지니어의 특성이나 변호사의 특성을 포함하지 않고 있다. 따라서 A씨의 경우와 같이 기저확률에 따라 판단을 할 것이라 예상할 수 있다. 하지만 놀랍게도 비율에 관계없이 사람들은 C씨가 엔지니어일 확률이 50%라고 판단한다. 우리가 기저확률을 전혀 고려하지 않는다는 증거다.

우리가 기저확률을 무시하는 것은 생각을 하기 싫어하는 인지적 구두쇠이기 때문이다. 최근의 연구 결과들은 기저확률의 계산이 쉬운 경우에는 오히려 기저확률을 지나치게 반영한다고 이야기하고 있다. 즉 내용에서 기저확률이 중요한 것처럼 설명하면 별 생각없이 기저확률을 지나치게 반영한다. 흥미로운 점은 자신의 이익이 걸려 있거나 위협을 느낄 때의 확률 계산은 상대적으로 매우 정확한 경향을 띤다는 것이다. 사실 이는 지극히 당연하다. 중요한 문제일수록 그것에 배분하는 인지적 처리 자원의 크기가 증가할 수밖에 없기 때문이다.

따라서 어떤 문제에 접근할 때는 그 상황이 자신이 이익을 좌우한다거나 자신에게 위협이 될 수 있는 상황이라는 식으로 전환시켜 정보를 처리하는 편이 좋다. 이런 경우 훨씬 더 적절한 혹은 정교한 결정을 할 수 있을 것이기 때문이다. 예를 들어, 스페인과 독일의 축구 국가대표팀 경기 결과를 예측한다고 하자. 축구 전문가나 유럽 축구 팬이 아니라면 깊게 생각하지 않고 한 팀을 고를 것이다. 그러나 결과에 따라 내기를 한다면, 그때부터 생각하는 방식이 달라진다. 이익이 걸려 있기 때문이다.

휴식 시간을 지금 가질지 아니면 조금 뒤로 미룰지와 같은 단순한 결정에서부터 투자의 규모와 시기를 정하는 복잡한 결정에 이르기까지 우리는 매우 많은 결정을 내리며 살고 있다. 이 모든 결정은 성공과 실패의 확률에 근거하여 이뤄지지만, 대개 이 점을 인식하지 못한다. 인간의 머리로는 각각의 결정이 성공 혹은 실패할 가능성을 정확한 수치로 계산해내지 못하기에 자신의 결정을 의지력, 정보의 출처, 신뢰, 느낌 등에 따르는 결과물로 해석하려는 경향을 보이는 것이다.

<가장 만족할 만한 결정 전략 편>
✦ **생각해보기**

결과부터 시작해서 한 단계씩 역순으로 이전 단계에서 가능한 상황을 떠올려보자. 예를 들어, 주식에 투자했다면 투자를 결정하기 직전 단계로 돌아가서 자신의 전략을 분석해보고, 그러한 전략을 도출해낸 과정을 분석하는 것이다. 혹은 최근에 수행한 프로젝트를 역순으로 분석하고 평가하는 방법을 통해 전략을 세워보자.

<지난 경험이 결정으로 이어진다 편>
✦ **생각해보기**

직급에 따라 제약 조건과 경험의 정도가 다름에도 사람들은 일반적으로 본인의 입장에서만 평가하는 경향을 보인다. 특히 후임 직원이 제안한 아이디어나 계획에 대해 "이게 최선이야?" 같은 반응을 보이는 경우가 있는데, 이는 당사자에게 엄청난 부담을 안겨줄 뿐 아니라 이후의 소통도 막아버리는 최악의 선택지다. 이런 반응 대신 어떤 표현이나 말을 하는 것이 좋을지 생각해보자.

〈후회와 만족의 기제 편〉

✦ 생각해보기

• 주식이나 부동산에 투자할 시점에 후회 혹은 만족 중 한쪽의 기제에만 매몰되면 계획 수립 시 어떤 오류가 나타날 수 있을까? 과도하게 조심스러운 행보를 보이거나(후회의 기세에 매몰) 가시적으로 나타나는 이득에만 초점을 기울이는 경우(만족의 기제에 매몰)로 나누어 생각해보자. 더불어 그러한 오류를 줄이기 위한 방법도 고민해보자.

• 소음 없이 조용한 근무 환경, 다이어트에 도움이 되는 저염식, 미세먼지를 발생하지 않는 자동차와 발전소 등의 주제에 대해서도 후회와 만족의 관점으로 나누어 생각해보자. 그리고 둘 중 어디에 더 초점을 두어야 할지 고민해보고 그에 맞춰 계획을 수립해보자.

〈불안을 극복하는 결정 편〉

✦ **생각해보기**

업무 과정에서 불안감을 느꼈던 때를 회상해 원인을 탐색하고, 그때
자신이 내렸던 결정을 다시 한번 검토해보자. 또한 다시 그 상황으로
돌아간다면 어떤 행동을 할 수 있는지 떠올려보자.

_____

_____

_____

_____

〈확률에 근거한 결정 편〉

✦ **생각해보기**

다음 사건의 발생 확률을 추정하고 그렇게 추정한 근거를 기술해보자.

• 서울에서 강도 5 이상의 지진이 발생할 확률

_____

• 평생 음주 관련 질병을 앓지 않을 확률

_____

• 올해 보고서의 제출 기한을 한 번도 어기지 않을 확률

_____

6장

유연한 생각을 위한
전략

역동적 환경에서 반드시 갖추어야 할 것

줌인 줌아웃
전략

　　　　　　　　사회의 여러 문제가 서로 복잡하게 연결되어 있어서, 한 요인의 변화가 다른 수많은 변화를 초래하는 것은 이제 새로운 현상이 아니다. 그러한 차원에서 인간이 가진 시선의 중요성은 점점 커지고 있다. 일반적으로 시선을 끄는 사건이나 사람에 주의를 집중하게 된다. 말 그대로 시선을 끌기 때문에 주의를 기울이는 것임에도 불구하고, 중요한 것이라서 주의를 기울이고 있다고 착각하곤 한다. 이렇게 시선을 끄는 것에만 집중하다 보면 주변에서 일어나는 너무나 중요한 사건을 놓치게 되고 잘못된 판단으로 이어진다는 것은 여러 사례로 확인했다. 이제는 시선이 머무는 곳에 집중하는 것을 넘어서서 전체 시야를 아우르는 조망이 필요하다.

물론 인간의 정보처리 능력의 한계를 고려할 때 모든 정보를 처리하기는 불가능하며, 이에 따라 필요하다고 생각하는 것에 집중하는 것은 자연스러운 모습이다. 다만 상황과 맥락을 고려한 줌인 줌아웃zoom-in & zoom-out 전략을 적용해서 시야를 놓치지 말자는 것이다. 줌인은 기술 자체의 잠재력을 깊이 이해하는 전략이고, 줌아웃은 여러 기술을 통합적으로 보며 기술간 연결·융합과 상호작용, 인간에 끼치는 영향 등을 전체적으로 파악하는 전략을 뜻한다. 예를 들어, 기존의 과제를 좀 더 효율적으로 수행하기 위해서, 즉 생산성을 높이기 위해서는 줌인 전략을 통해 불필요한 정보나 생각을 걸러내는 작업이 필요하다. 그러나 시장은 항상 역동적으로 변하며 과제를 수행하는 과정에서도 그러한 역동성을 반영해야 한다. 그래서 줌아웃 전략을 같이 적용해야 하는 것이다.

그런데 줌인과 줌아웃을 적재적소에 적용하는 것이 생각보다 쉽지 않다. 특히 줌인을 하게 되면 그 과정에서 주변 정보에 대한 시선을 차단하기 때문에, 상황과 맥락의 변화를 인식하기가 어려워진다. 그저 마음먹는 것으로 가능한 일이 아니라는 말이다. 이럴 때 필요한 전략이 바로 동료와의 역할 분담이다. 이렇게 되면 상호 피드백을 통해 좀 더 정교하게 줌인과 줌아웃을 진행할 수 있을 것이다.

발산적 사고와
수렴적 사고

환경과 업무 수행과의 관련성은 상당히 잘 알려져 있다. 인간관계와 같은 사회적 환경과 사무실 구조와 같은 물리적 환경이 모두 업무와 관련이 깊다. 최근의 연구에 따르면 자연의 숲 풍경을 묘사한 대형 포스터가 붙은 방에서 더 높은 창의적 및 발산적 사고 점수를 보였다. 문제해결을 위해 아이디어를 떠올려야 하는데 잘되지 않을 때 "잠시 밖에 나가 산책이라도 해라."라고 조언하는 이유도 마찬가지다. 실내보다는 탁 트인 외부에 나가면 새로운 생각이 떠오를 수도 있다는 마음에서다.

물론 꽤 괜찮은 방법인 것은 분명하지만 항상 효과적이지는 않다. 도움이 되는 환경이라는 건 지금 해야 하는 생각이 무엇인지와 관련이 깊기 때문이다. 새롭고 혁신적인 사고를 위해선 탁 트인 넓은 공간이 마련되어야 한다는 주장은 아이디어의 발현과 구현을 구분하지 않는 일반적 관점에서 나온 말이다.

어떤 프로젝트를 시작하기 위해 처음으로 아이디어를 떠올려야 하는 상황이라면 탁 트인 곳처럼 시야를 넓히는 환경을 제공하는 것이 좋다. 새로운 발견에 적합한 확산적이고 생산적인 사고는 발산적 사고divergent thinking라고 불리는데, 시야를 넓히는 환경은 이런 사고에 도움이 된다. 이러한 환경이 기존에는 보이지 않았던 것, 예전에는 생각하지 않았던 것에 대한 접근 가능성 및 새로운 아이디어를 창출할 가능성을 높이기 때문이다.

반면 이미 주어진 문제가 있고 그것을 분석하여 해결 방안을 찾아야 하는 상황이라면 어떨까? 특정 주제에 초점을 맞추어 문제해결을 위한 아이디어를 구현하는 것은 수렴적 사고convergent thinking다. 아이디어를 실제로 구현하는 절차나 구현 과정의 문제점들을 분석하는 데는 탁 트인 환경보다는 잘 정돈된 환경이 도움이 된다.

한번 생각해보자. 지금 하고 있는 업무와 관련된 고민이 무엇인가? 그 문제의 해결을 위해 필요한 것은 발산적 사고인가, 아니면 수렴적 사고인가? 전자의 경우라면 건물 밖으로 나가 주변을 걷고, 그것으로 부족하다면 더 넓은 공원으로 가거나 하루 정도 휴가를 내서 바닷가를 거닐어보자. 만약 수렴적 사고가 필요한 상황이라면 우선 책상을 잘 정리하고 자세를 고쳐서 앉자.

아이디어 회의를 위해 좁은 회의실에 모여 앉는 것은 어떨까? 발산적 사고를 해야 할 때면, 우선 각자 자유롭게 다양한 생각들을

떠올리는 시간을 가져보자. 회의실에 모이는 건 그 아이디어들을
구체화하는 단계에서 하는 편이 좋으니 말이다.

신체 감각과
상호작용하는 생각

신체 감각에 의한 경험 또한 인간의
생각에 영향을 미친다. 우리가 자주 쓰는 관용적 표현 중 '손을 씻
다'는 기존에 했던(대개 정당하지 못한) 일들을 그만두었을 때 사용
하는 표현이다. 어렵고 심각한 분위기를 뜻하는 '무거운 분위기',
누군가와 협력한다는 뜻의 '손을 잡다', 진지하고 재미있지 않은
이야기를 표현하는 '딱딱한 이야기' 등도 이와 유사한 형태의 관용
표현들이다. 이런 표현들은 인간의 신체 감각이 생각과 밀접하게
관련되어 있음을 보여준다. 재미있는 점은 인간의 여러 감각 중 특
히 촉각 경험과 관련된 표현의 비중이 높다는 것이다.

  실제로 촉각 경험은 인간의 내재화된 욕구나 정서와 밀접한 관
련이 있고, 판단과 행동에도 큰 영향을 미친다. 1940년대에 심리학
자 해리 할로우Harry Halow는 갓 태어난 새끼 원숭이를 대상으로 진
행한 실험을 통해 이 점을 증명해 보인 바 있다. 그는 두 개의 우리
를 마련하고 그 안에 각각 다른 어미 원숭이 모형을 넣었다. 하나

는 철사로 만들었으나 우유가 제공되게 만든 모형, 다른 하나는 헝겊으로 만들었으나 우유가 나오는 장치는 없는 모형이었다. 그 결과 새끼 원숭이들은 모두 평소엔 천으로 만든 어미에게 매달려 있다가 배고플 때만 철사로 만든 어미에게 가는 행동을 보였다.

이런 경향은 비단 원숭이에게서만 나타나는 것이 아니다. 따뜻한 커피를 쥐고 있는 집단이 차가운 커피를 손에 쥐고 있던 집단보다 낯선 타인에 대해 더 우호적으로 평가하는 경향이 있으며, 딱딱한 바닥 위에서 예술 작품을 보는 경우 그 작품이 차갑고 날카롭다고 인식하고 카펫 위에서는 예술 작품이 온화하다고 인식한다.

다양하고 새로운 생각은 편안한 마음에서 나올 가능성이 높다. 따라서 차가운 유리로 덮인 책상이나 지나치게 딱딱하거나 불편한 의자에 앉아 새로운 아이디어를 위해 회의하는 방식은 그리 효율적이 아닐 수 있다. 이제 업무에 필요한 과제에 따라서 물리적 환경이나 도구를 바꿔보자. 그렇다고 거창하게 책상과 의자를 모두 교체할 필요는 없다. 스탠드의 불빛을 편안한 색으로, 마우스패드나 키보드 받침을 조금 더 푹신한 것으로 바꾸면 어떨까? 모든 것은 작은 변화에서 시작된다.

생각의 방향을 바꾸는
프레임의 변화

지금은 소위 변화의 시대다. 생각의 방향을 바꾸거나 넓히지 않으면 생존에 위협을 받는 시대다. '잘되고 있는데 굳이 왜 바꾸려고 해?'와 같은 생각은 위험하다. 늘 하던 대로 하게 되면 존재 가치는 점점 하락할 수밖에 없다.

그래서 시야의 폭과 방향을 조절하면서 생각을 유연하게 하는 것의 중요성은 많은 사람들이 이미 알고 있는 것이기도 하다. 그럼에도 불구하고 상황과 맥락에 따라 유연하게 생각의 방향을 바꾸는 것이 쉽지 않다.

생각의 방향을 바꾸기 어려운 이유 중 하나는 기존의 프레임에 묶여 있기 때문이다. 조지 레이코프George Lakoff의 저서 『코끼리는 생각하지 마Don't Think of an Elephant』를 보면 기존의 프레임에서 벗어나는 것이 얼마나 어려운지 확인할 수 있다. 특히 오래 유지되어 온 프레임이라면 더더구나 그렇다. 게다가 기존의 프레임에서 벗어났을 때 대안을 찾기가 쉽지 않다. 그러다 보니 새로운 프레임을 찾기보다는 원래 사용하던 프레임에 자연스럽게 머무르게 되는 것이다.

그러다 보니 생각의 방향을 바꿀 줄 아는 사람은 따로 있다거나 그런 능력은 선천적으로 타고나는 것이라고 생각하기도 한다. 단언컨대 잘못된 생각이다. 심지어 세상을 바꾼 사람도 기존의 프레임에서 벗어나지 못하기도 한다. 아인슈타인은 '시간은 변하지 않는다'는 기존의 프레임을 바꾸었지만, 죽을 때까지 양자역학을 완전히 받아들이지 않았다. 광양자 가설을 발표해 양사역학의 태동에 기여했음에도 불구하고, 자신의 이론과 잘 맞지 않는 확률적 해석을 부정했다. 뉴튼 역학의 원리를 의심하고 이를 토대로 새로운 프레임을 창출한 아인슈타인이 양자역학의 불확정성 원리를 끝까지 부정한 것은 상당히 역설적으로 보이기도 한다.

핵심은 내 의견이 틀릴 수 있다는 것을 인정하는 것이다. 그래야 생각을 바꿀 수 있는, 새로운 프레임을 받아들일 수 있는 공간이 생긴다. 이 지점에서 경험과 전문성의 함정에 빠질 수 있음을 명심하자. 경험이 쌓일수록, 전문성이 증가할수록 자신이 틀릴 수 있다고 생각할 가능성이 줄어들기 때문이다.

세상을 바라보는 프레임

n분법적 구분과
범주화의 한계

　　　　　　　　범주로 묶고 분류하는 것은 인간의 본
능적인 특징 중 하나다. 범주를 사용하면 복잡한 정보를 단순하게
만들 수 있어 효율적으로 정보처리를 할 수 있기 때문이다. 또한
핵심적인 정보 위주로 전달하기 때문에 의사소통을 매우 효율적
으로 할 수 있게 만들어준다.

　그러나 효율성을 강조하다 보면 놓치는 부분이 생기기 마련이
다. 우리가 설명하려는 대상의 다양한 측면을 간과할 가능성이 높

아진다. 다음 사례를 살펴보자.

A: 55세의 중년 남성, 지방 중소도시의 사무직 종사자
B: 풍부한 상상력, 재미와 다양함 추구, 외향적 성격

A와 B는 같은 사람에 대한 설명일까? 아마도 같은 사람이라고 생각하는 사람은 그리 많지 않을 것이다. 그런데 지방 중소도시의 사무직에 종사하는 55세의 중년 남성은 상상력이 풍부하면 안 되는가? 재미와 다양함을 추구하면 안 되는가? 우리도 모르게 너무 단순하게 생각한 것은 아닐까? A를 읽고 나면 B를 A와 연결할 생각을 거의 하지 않는다. 범주화의 대표적인 문제점이다.

또한 범주화는 명사의 사용과 직접적으로 연결되어 있다. 즉 특정 행위를 묘사하는 경우에 비해 행위자로 표현하게 되면 해당 범주에 속한 모든 특징을 개인의 특징과 무관하게 적용하게 되는 경향을 말한다. 예를 들어, 대식가라는 표현과 엄청나게 많이 먹었다라는 표현은 결과에서는 동일할 수 있으나 표현 자체가 주는 의미는 상당히 다르다. 대식가라는 명사를 사용하게 되면 해당 범주가 가지는 모든 특징을 행위자에게 상속하게 된다. 하지만 엄청나게 많이 먹었다는 표현은 그런 행위를 유발하게 하는 상황에 대한 관심을 유발하고 추가적인 설명으로 이어지는 경향이 더 크게 나

타난다. 실제로 영어권 화자를 대상으로 한 실험에서 투표 행위와 관련해 단어 voter와 voting을 비교해보면, voter를 사용했을 때 더 높은 투표율을 보이는 결과가 나타났는데, 이는 명사의 사용이 해당 역할의 당위성을 내포하고 있기 때문으로 보인다.

범주화는 여러 가지 장점이 있지만 단점도 분명하다. 범주화를 통해 생각이 결정되면, 이후에 들어오는 정보를 왜곡하거나 상황과 맥락을 의도적으로 무시할 수 있다. 심지어 혈액형이나 별자리와 같이 임의로 범주를 만들고 이를 맹목적으로 사용하는 일도 꽤 많다. 이렇게 n분법적으로 구분하게 되면 생각의 가능성이 닫히고 잘못된 결정으로 이어질 수 있다.

그리고 새로운 범주를 만들 가능성보다 이미 익숙한 기존의 범주를 사용할 가능성이 더 높다. 기존의 범주를 사용한다는 것은 이미 적용하고 있던 프레임에서 벗어나기 어렵다는 것이다. 기존의 프레임을 사용하는 것은 쉬운 선택이면서 평범한 전략이다. 더 나아가 문제해결을 위한 새로운 관점을 제시하거나 시장을 선도하는 제품을 만들어낼 가능성은 당연히 떨어지게 된다. 이제는 범주화의 한계를 넘어서서 상황 정보를 제대로 반영하는 새로운 프레임을 형성하는 시도가 필요할 때다.

예를 들어, 주요 에너지원 중 하나인 원자력 발전을 평가할 때 흔히 적용하는 프레임은 위험-안전이다. 즉 위험과 안전이라는 기존의 범주로 모든 정보를 분류한다는 것이다. 원자력 발전 자체에만 초점을 맞추어 문제점을 분석하고 개선점을 찾아나간다면 위험-안전의 프레임에서 벗어나기 어렵다. 여전히 원자력 발전에 대한 찬반 논쟁이 첨예하게 진행되는 이유도 이러한 프레임을 벗어나지 못하기 때문이다.

시야를 확장해서 상황을 반영하는 방식으로 생각해보자. 원자력은 우리나라 에너지 공급의 약 30% 정도를 담당하고 있다. 그리고 주요 수출 품목으로 자리매김하고 있기도 하다. 그러나 원자력 발전에서 발생하는 방사능 폐기물 처리와 관한 문제점 역시 산재해 있으며, 관련 민원으로 인한 사회적 비용 역시 점점 증가하고 있다. 다시 말해 단순히 위험-안전의 측면만이 아니라 이득과 손실의 측면이 분명 존재하고 있다는 것이다. 이렇게 시야를 확장해서 원자력 자체가 아닌 원자력 발전과 관련된 다양한 상황 정보에 주목하고 이를 분석한다면 기존과는 다른 새로운 프레임으로 접근할 수 있을 것이다. 범주화의 단점을 넘어서서 새로운 프레임을 적용하는 방안은 생각의 범위를 확장하고 좀 더 생산적인 논의를 가능하게 해준다는 점에서 반드시 고민해봐야 하는 지점이다.

다양한 프레임의
인정

　　　　　　　　　우리나라에서 프레임이라는 용어는
부정적인 느낌을 주기도 한다. 특히 정치권에서 프레임을 씌운다
는 식으로 표현하면서 프레임은 가지면 안 되는 것, 벗어나야 하는
것으로 오해하기도 한다. 물론 잘못된 생각이다.

　프레임은 누구나 가지고 있고 가져야 하는 것이다. 프레임은 생
각의 시선이기 때문이다. 프레임을 가지고 있지 않다는 것은 자기
만의 생각이 없다는 것이다. 그래서 모든 사람은 자기만의 프레임,
즉 자기만의 시선을 가지고 있다.

　그러므로 같은 사건을 접해도 그걸 보는 프레임에 따라서 주목
하는 부분에 차이가 있고 그래서 해석이 다를 수 있다. 우리나라
국가대표팀의 경기를 볼 때 심판 판정이 편파적인 것 같고 상대 팀
이 과격한 것으로 보이는 것도 프레임의 작용인 것이다. 이를 보
여주는 대표적인 사례가 1951년 다트머스 대학교와 프린스턴 대학
교의 풋볼 경기에 관한 연구다. 경기는 매우 과격했고 일부 선수는
뼈가 부러져 실려나갔다. 심지어 양쪽 관중 사이에서도 싸움이 일
어날 정도였다.

　이와 관련해 사회심리학자 앨버트 해스토프Albert Hastorf와 해들리
캔트릴Hadley Cantril은 양교 학생을 대상으로 아주 흥미로운 연구를

진행했다. 해당 경기 영상을 학생들에게 보여준 후 그들의 반응을 관찰한 것이다. 예상한 대로 프린스턴 대학교 학생은 다트머스 대학교 선수들의 행위를 비난했고, 다트머스 대학교 학생도 마찬가지였다. 프레임의 영향이다.

그러므로 프레임에서 벗어나야 한다고 주장한다면 헛다리를 짚은 것이다. 어차피 프레임이 없는 상태로 세상을 보는 것은 불가능하다. 대표적인 예가 언론사다. 모든 언론사는 자사 혹은 자사의 기자가 가지고 있는 프레임으로 취재를 하고 기사를 작성한다. 그래서 같은 사건에 대해서도 다양한 기사가 나온다. 하나의 사건도 여러 가지 프레임으로 접근할 때 제대로 바라보고 해석할 수 있다. 오히려 자기만의 프레임으로 취재하는 것이 아니라 다른 매체의 기사를 복사해서 붙여 넣는 것이 더 위험하다. 세상에 하나의 시선만 존재하게 만들 수 있기 때문이다.

답은 간단하다. 프레임은 많을수록 좋다. 모두 다른 프레임을 가지고 있다는 것을 인식하고 인정하자. 그저 누군가의 프레임을 맹목적으로 받아들일 게 아니라 나만의 프레임을 가지도록 노력해보자. 그러한 토양 위에서 다양한 프레임이 공존할 수 있다. 그래야 (왜곡된 정보를 사용하지 않고) 서로를 건강한 방식으로 설득하고 조정할 수도 있을 것이다.

프레임의
경쟁

　　　　　　　　코로나Corona는 전 세계 맥주 시장에
서 인지도와 점유율 모두 최상위권을 기록하고 있는 맥주 브랜드
다. 멕시코에서 생산하는 코로나 맥주는 1980년대 말에 미국에 진
출했는데, 당시 미국의 맥주 업체들의 심한 견제를 받았다. 코로나
맥주를 예의주시하던 미국 업체 버드와이저는 330ml 병에 담긴
코로나 맥주의 양이 균일하지 못한 것을 발견하고 맥주의 양도 제
대로 맞추지 못한다고 꼬집었다. 멕시코 업체는 제조 공정의 균일
성이 없다는 프레임으로 코로나 맥주를 공격한 것이다.

　이에 대한 코로나 맥주의 대응이 매우 흥미로웠다. 만약 버드와
이저가 제기한 프레임을 그대로 받아들여, 맥주 양을 균일하게 만
들지 못한 것을 사과하고 이를 관리할 수 있는 시스템을 보완하겠
다는 방식으로 대응했다면 최소한 단기적으로 상당한 어려움에
직면했을 것이다. 그러나 코로나 맥주는 새로운 프레임을 내세워
버드와이저의 공격에 대응했다. 멕시코가 가진 긍정적인 이미지
를 이용해서 병마다 맥주의 양이 다른 것은 바로 멕시코만의 여유
와 낭만이라고 응수한 것이다.

　버드와이저와 코로나 맥주가 제안한 프레임 중 어느 쪽이 더 마
음에 와 닿는가?

프레임의
인과관계

　　　　　　　　수많은 프레임이 경쟁하면서 조정과
설득의 과정을 거쳐 우세를 차지한 프레임은 영향력을 확장해가
게 된다. 그렇다면 어떤 프레임이 영향력을 가지게 되는 걸까?

　이 과정에서 핵심은 설명 가능성이다. 조금 더 자세하게 말해서,
인과관계를 설명할 수 있어야 한다. 왜냐하면 그저 과거에 발생했
던 사건의 원인과 결과를 알려주는 것이 아니라 미래를 제대로 전
망할 수 있도록 도와주기 때문이다.

　인과관계를 설명할 수 있는 프레임을 만들기 위해서는 조건이
필요하다. 먼저 설명을 듣는 사람의 지식 수준에 맞는 방식으로 구
성해야 한다. 아무리 많은 과학적 근거를 동원한다고 해도 듣는 사
람이 이해하지 못하면 아무런 의미가 없는 것은 너무도 당연하다.
다음으로는 그러한 프레임을 구현할 수 있는 제반 여건이 갖추어
져 있어야 한다. SF 영화나 소설 속에서 상상하는 것이 아니라 실
제로 적용할 수 있어야 하므로, 현실에서의 구현 가능성에 초점을
맞춰야 한다.

　먼저 지식 수준이 영향을 주는 사례를 살펴보자.

　코로나19가 전 세계적으로 확산되었을 때, 세계 각국에서 코로나
19 바이러스를 퇴치할 수 있는 신박한 아이디어가 쏟아져 나왔다.

그중에도 미국 전 대통령 도널드 트럼프가 제안한 살균제의 인체 주입 방식이 눈길을 끌었다. 바이러스가 살균제에 의해 소멸된다는 결과를 가지고 아예 살균제를 우리의 몸에 넣는 방식으로 코로나19를 치료하자는 것이었다. 이후 자신에게 적대적인 언론을 향한 비꼰 발언이었다고 해명했지만, 실제로 체내에 주입하는 사람들이 있었기 때문에 미국의 보건 당국이 진땀을 흘렸다는 후문이 있기도 하다.

그냥 듣기에도 너무나 어이없는 방식이고 대다수의 사람들은 코웃음을 쳤으나, 이걸 그대로 해본 사람이 꽤 있었다고 한다. 언뜻 이해가 가지 않을 수 있으나 살균제의 작용 방식을 제대로 이해하지 못한 사람이라면 이야기가 달라질 수도 있다. 이뿐만이 아니다. 마다가스카르에서는 대통령이 직접 그 지역에서 약재로 사용하던 개똥쑥으로 만든 음료를 코로나19 치료제로 광고했고, 실제로 꽤 많이 팔렸다고 한다.

다음으로 구현 가능성의 측면을 살펴보자.

지금은 개인 위생에 대한 의식 수준이 높아져서 손 씻기가 생활화되어 있다. 그런데 이건 놀랍게도 무척 최근의 일이다. 심지어 의사도 손 씻기를 하기 시작한 게 그다지 오래되지 않았다. 19세기 중반에는 피에 물든 수술복이나 손이 의사의 성실성을 보여주는 지표로 여겨지기도 했다. 놀라운 점은 손 씻기의 중요성을 알고 이

를 주장했던 헝가리 출신 의사 이그나츠 제멜바이스Ignaz Semmelweis
가 그 당시에는 동료들에게 악마 취급을 받으며 안타깝게 생을 마
감했다는 사실이다.

제멜바이스는 병원에서 산욕열로 사망하는 산모가 많다는 것에
의구심을 가졌다. 특히 의사가 산모를 돌봤을 때의 발병율이 산파
가 산모를 돌봤을 때보다 훨씬 더 높게 나타났다는 것을 이해할 수
없었다. 당시 이를 설명하는 프레임은 환자를 돌보는 방식의 차이
였다. 남자 의사가 산파에 비해 산모를 거칠게 다루기 때문에 사망
률이 더 높다는 것이었다. 이를 납득할 수 없었던 제멜바이스는 해
부 실험 중 손이 잘려 사망한 동료를 보고 눈에 보이지 않는 입자
가 의사로부터 산모에게 전달되어 산욕열을 발생시킨다고 추측했
다. 즉 눈에 보이지 않는 입자로 인한 감염이라는 프레임을 제안한
것이었다. 이후 의사들에게 염소 처리한 용액으로 손을 소독하게
했으며, 그 후 산모의 사망률은 급격하게 감소했다.

더 놀라운 것은 그 이후다. 세균에 대한 개념이 제대로 정립되지
않은 시점이었기 때문에 제멜바이스의 주장을 받아들이는 의사가
많지 않았다. 오히려 그간의 환자 사망에 대한 책임이 전가될 것을
걱정한 의사들이 제멜바이스를 공격하기도 했다. 결국 제멜바이
스의 주장은 세균학이 정립되고 나서도 한참이나 지난 이후에 재
조명되기 시작했다.

제멜바이스가 수치로 자신의 프레임의 정당성을 보여주었음에도 불구하고 그의 주장을 받아들이지 않은 이유는 무엇일까? 제반 여건이 충족되지 않았기 때문이다. 세균에 대한 개념이 제대로 정립되어 있지 않았기 때문에 눈에 보이지 않는 입자의 전파라는 설명을 믿기 어려운 것이었다. 만약 제멜바이스의 프레임이 세균학이 정립된 이후에 제시되었다면, 아마도 더 많은 사람들을 감염에서 구할 수 있었을 것이다.

이처럼 제반 여건을 충족하여 실제로 구현할 수 있을 때가 되어서야 새로운 프레임을 받아들이는 사례는 어렵지 않게 찾아볼 수 있다. 지금은 너무나 자연스럽게 스트리밍으로 노래를 듣고 있지만, 꽤 오랜 시간동안 노래는 구독하는 것이 아니라 소유하는 것이었다. 그런데 소유에서 구독으로 프레임이 전환될 수 있었던 것은 정보통신 기술의 발달이 뒷받침되었기 때문이다. 이러한 제반 여건이 갖추어지지 않았다면 스포티파이와 같은 회사는 등장하기 어려웠을 것이다.

7장

집단 지혜의
힘

생각은 혼자 하는 것이 아니다

네안데르탈인은
왜 도태되었을까

　　　　　　최근의 고고학 연구 결과에 따르면,
네안데르탈인과 호모 사피엔스는 상당 기간 공존했으나 네안데르
탈인이 점차 도태된 탓에 결국 호모 사피엔스가 지구를 지배하게
되었다고 한다. 이 두 종은 두뇌 용적률이 거의 비슷했다는데, 그
렇다면 네안데르탈인은 왜 호모 사피엔스와의 경쟁에서 패배한
것일까? 그 이유는 문화경쟁에 있는 것으로 보인다.

　네안데르탈인은 소규모 집단생활을 한 데 반해 호모 사피엔스는

대규모로 군집을 이뤄 생활했다. 군집 생활에서는 협력과 소통이 필수적이고 이를 위한 수단으로 언어를 발달시키는데, 네안데르탈인 집단은 이러한 요소들이 부족했던 탓에 결과적으로 호모 사피엔스에게 밀려나고 말았다. 마치 사자와 호랑이를 한 마리씩 떼어놓고 보면 힘이 비슷하지만, 혼자 생활하는 특성을 가진 호랑이는 집단 생활을 하는 사자 무리와의 싸움에서 이기지 못하는 것과 마찬가지였던 셈이다.

호모 사피엔스가 지구를 지배하게 만들어준 힘, 소통과 협력은 제4차 산업혁명 시대인 지금에도 여전히 가장 중요한 가치다. 나 혼자 생각하게 되면 하나의 관점만 가지거나 기존의 방식대로 생각하는 경향이 커진다. 그렇기에 우리는 여러 사람과 소통하며 서로가 가진 다양한 관점을 공유하려 노력해야 한다.

지식 간 융합이
필요한 시대

진화 과정에서 인간은 에너지를 아낄 수 있는 효율적인 방식을 생각해왔다. 더불어 수많은 정보 가운데 중요하다고 판단되는 것을 취사선택해 주의를 기울이며 처리하는 능력 또한 발전시켰다.

그럼에도 혼자 생각하지 않고 연대를 통해 생각을 확장해온 것은 개개인이 놓치는 정보가 많을 수 있는 데다 모든 영역을 감당해내기도 불가능하기 때문이다. 구성원들 사이에서 자연스럽게 이뤄지는 인지 노동의 분배는 호모 사피엔스가 각자 자신의 전문적인 영역을 발전시키고 다른 전문가와의 협업을 통해 지구를 지배하는 과정에서 발전을 거듭했다. 하나의 개인이 모든 분야에서 통달할 수는 없기에 각각의 전문 분야를 개척하고 상호 협력해온 것이다. 이런 면에서 보자면 지식이 곳곳에 널린 세계에서 살고 있다는 점이 어쩌면 인류의 성공 비결이라 해도 좋을 것이다.

사실 호모 사피엔스의 이러한 모습은 지극히 자연스러운 것이다. 우리가 어떤 대상을 낱낱이 정확하게 이해하는 경우는 없으니 말이다. 가령 '신발에 대해 이해하고 있다'는 표현은 '신발은 외출 시 발을 보호하기 위해 신는 도구'라는, 다시 말해 그 대상이 갖는 용도의 이해에 그치는 경우가 대부분이다. 하지만 신발을 제대로 이해하는 일은 신발의 종류, 설계, 재질, 부품의 접합 방식, 판매처, 사용자의 특성 등 수많은 관련 정보를 알아야 가능한 일이고, 협업은 이를 위해 필요한 요소다.

오케스트라가 하나의 곡을 완성하려면 모든 악기 연주자의 조화로운 협력이 필요하다. 만약 개별 연주자들이 모두 본인의 악기만 제대로 연주하면 완벽한 곡이 탄생할 것이라는 환상을 가지고 있다면 그 오케스트라의 연주는 무조건 실패할 수밖에 없다.

그런데 이렇듯 자기 능력을 과대평가하는 이들은 조직에서 쉽게 찾아볼 수 있다. 특히 전문가일수록 이런 경향을 강하게 보인다. 물론 초보자에 비해 전문가는 효율적으로 생각하고 필요한 정보를 취사선택하여 처리하는 능력이 뛰어나다. 그러나 자기 능력을 과신하여 본인의 입장만 고집하고 중요한 정보를 놓치는 사례 또한 자주 나타나는 것이 현실이다.

그 예로 디지털 카메라로 전환하는 포인트를 놓친 필름회사 코닥Kodak을 들 수 있다. 코닥의 필름 전문가들은 자신의 영역을 지키기 위해 필름 개발과 관련된 정보에만 집착했고, 그 결과 1인자였던 코닥은 디지털 카메라라는 새로운 생태계로 들어갈 기회를 놓쳐버렸다. 그와 달리 3등 회사였던 후지Fuji는 타 분야와의 연결을 통해 필름 제작에 사용한 기술을 응용하여 화장품, LCD 필름, 의약품 등의 여러 분야에서 1등 기업으로 도약할 수 있었다.

과거의 경험과 지속적인 연습을 통한 숙달 및 향상은 제4차 산업혁명 시대 이전까지만 해도 개인과 조직의 성공을 예측하는 척도였다. 그러나 지금은 지식 간의 융합을 통한 혁신이 그 자리를 대신하는 시대다. 지적 호기심, 배움에 대한 열정, 본인 전문 분야에 대한 탁월한 지식만큼이나 중요한 것은 바로 '거인의 어깨 위에서 세상을 보는 능력', 즉 다른 사람들의 지식과 내 지식을 융합해 새로운 무언가를 만들어내는 능력임을 우리는 기억해야 한다.

지식 공동체의
기반

개인이 가지고 있는 지식의 양은 평생 쌓는다고 해도 1기가 바이트 정도로 추정되는데 우리가 살아가야 하는 세계에서 필요한 지식의 양은 비교할 수 없을 정도로 거대하다. 즉 인간이 가진 지식의 양은 생각보다 훨씬 더 작으며 그 정도의 지식으로는 사실 어떤 과업도 수행하기 어려운 것이 현실이다. 이를 극복한 방식이 바로 지식 공동체의 일원이 되어 각각의 전문 영역에서 지식을 축적하고 이를 효율적으로 공유하는 것이다.

인간의 뇌가 에너지 소비의 측면에서 극도로 비효율적임에도 불구하고 이렇게 커진 이유 중 하나로 사회적 뇌 가설이 제시되고 있다. 인간의 뇌가 주로 수행하는 과업 중 하나가 바로 공동체의 구성원으로 살아가기 위한 지식의 획득이라는 것이다. 이를 생각의 측면으로 재해석하면 바로 지식 공동체의 일원으로 살아가기 위한 작업이라고 할 수 있을 것이다.

인간이 살아가는 세계의 복잡성이 점점 증가하면서 어느 누구도 모든 것을 알지는 못한다. 예를 들어, 자동차 정비 전문가도 컴퓨터가 시키는 대로 부품을 교체하거나 작업을 진행할 뿐 자신이 직접 수리하기 어렵다고 말할 정도로 무언가를 완벽하게 알기는 쉽지 않다. 자동차보다 훨씬 더 복잡한 항공기나 원자력 발전소의 정비 과정을 전부 명확히 알고 있는 사람도 없다고 보는 것이 타당할 것이다. 더 나아가 세계의 복잡성에 기여하는 모든 요인을 파악하는 것 역시 불가능하다.

흔히 여러 사람이 모여 무언가를 해결할 때 집단 지성이라는 표현을 사용한다. 집단 지성은 'collective intelligence'를 번역한 말인데, 사실 집단 지능이라고 하는 것이 더 적절해 보인다. 문제해결을 위해 다수가 모여 그저 의견을 내고 거기서 적절한 의견을 찾아나가는 방법, 즉 집단의 지능을 모으는 것은 분명 효과가 있을 것이다. 그러나 그 의견이 섞이면서 범위를 확장하고 새로운 무언가를 만들 가능성은 그렇게 높지 않아 보인다. 이제는 집단 지능을 넘어서서 집단이 함께 생각하는 집단 지혜로 가야 한다.

이를 위해서 의견을 내는 것도 중요하지만 그보다 먼저 자신이 모른다는 것을 인정해야 한다. 모름을 인정하는 것이 바로 집단 지혜를 위한 첫 번째 작업이다. 서로가 알고 모르는 부분을 정확하게 인정할 때 집단 지혜를 위한 제대로 된 출발점에 설 수 있을 것이다.

뉴턴도 아인슈타인도, 그 누구도 혼자 실험실에 틀어박혀서 위대한 연구를 하거나 발명을 하지 않았다. 광개토대왕도 이순신 장

군도 그 누구도 혼자 위대한 업적을 세우지 않았다. 위인전은 등장
인물을 강조하다 보니 보통 엄청난 업적이 오롯이 개인의 능력에
기반한 것으로 기술하고 있는데, 이로 인해 특별한 일은 특별한 사
람만 할 수 있다고 착각하곤 한다. 사회생물학의 대가 에드워드 윌
슨Edward Wilson의 이야기는 그래서 더 주목할 만하다.

연구실에서 홀로 연구하는 위대한 과학자는 존재하지 않는다.
– 에드워드 윌슨

현생 인류 호모 사피엔스는 기본적으로 협업에 기반해 진화해
왔다. 실제 어느 누구도 진화 과정에서 모든 분야를 통달한 적이
없다. 한 개인이 모든 것을 도맡아 처리하는 방식이 아니라 분야를
세부적으로 나누어 각각의 전문성을 기르는 방식의 협동 작업을
인지 노동의 분배라고 했고 이는 호모 사피엔스의 주요 생존 전략
이다.

개개인이 가지고 있는 지식의 양은 미미하다. 집단을 이룬 지식
공동체는 달랐다. 그리고 세대를 이어가며 발전시켜왔다. 그 과정
에서 집단 지능을 넘어서는 집단 지혜의 힘을 보여왔다.

연결을 통한
확장

        집단 지혜라는 건 무엇일까? 개개인이 축적한 지식과 경험에는 분명한 한계가 있으므로 이들을 연결하여 범위를 확장하자는 것이다. 연결을 통한 확장은 개인이 가지고 있는 저장 용기보다 더 큰 용기를 사용하여 단순히 한곳에 모아놓는다는 의미가 아니다. 지식과 경험이 연결되는 과정에서 다른 방식으로 재해석하거나 재구조화한다면, 기존과는 다른 방식으로 설명할 수 있고 새로운 아이디어를 도출할 수 있을 것이다. 이러한 지혜의 발현에 있어 특히 중요한 것은 동종업계가 아닌, 전혀 다른 분야의 사람들과 새로운 연결을 만드는 것이다.

 전문가는 자기 분야에 대한 전문적인 지식, 다시 말해 일반인들의 경우보다 더 깊은 인과 지식을 갖고 있다. 따라서 여러 분야의 전문가들이 모이면 다양한 전문적 지식이 합쳐질 수 있다. 1980년, NASA 연구원은 공기역학 실험 중 상어 비늘의 돌기를 본뜬 V자 형태의 미세한 홈들이 비행기 표면에서 공기와 난류마찰저항을 크게 감소시키는 효과를 낸다는 놀라운 사실을 발견하여 논문을 발표했다. 이 논문은 수영 종목 스포츠과학을 연구하는 팀의 관심을 끌었고 이러한 인과 지식은 물리학자, 스포츠과학연구자, 직물 전문가 들을 통해 새로운 수영복의 연구개발로 이어졌다. 그렇게 해서 탄생한 제품이 바로 스피도의 패스트스킨이었다. 전문가의 인과 지식을 연결한 집단 지혜를 보여준 좋은 사례다.

조금 다른 이야기지만 간혹 '변화와 혁신'을 원한다며 완전히 새로운 분야의 내용을 배우고 익혀 그 분야 전문가가 되겠다고 애쓰는 이들이 있다. 하지만 한 사람이 여러 분야의 전문가가 되는 건 과거에나 가능했던 일이다. 그러니 자신의 지식을 더욱 갈고닦아 그것을 바탕으로 타분야 전문가들과 잘 교류할 수 있는 소통 능력을 갖추는 것이 더 타당하고 좋은 방법이다.

이러한 연결의 확장을 촉진하는 데 큰 역할을 하는 요소가 있다. 공감과 소통을 통해 창의적 아이디어를 발현하게끔 해주는 '공간'이다. 세종대왕이 세운 엄청난 업적에 이바지하고 각 분야의 학자들이 열띤 토론과 논의를 했던 집현전이 대표적인 사례다.

미국 매사추세츠공과대학MIT의 중앙캠퍼스에 자리한 건물 빌딩 20Building 20도 마찬가지다. 이 건물은 제2차 세계대전 중이었던 1943년에 무기와 레이더의 개발을 위해 여러 분야의 전문가들이 다양한 연구를 진행할 수 있게 세워졌다. 하지만 워낙 급하게 만든 건물이다 보니 동선이 얽히고설켜 건물 안에서 길을 잃는 사람도 흔했다.

그런데 그러한 무질서가 오히려 연구자들의 성과를 도출한 열쇠 역할을 해주었다. 건물 내에서 길을 잃고 헤매던 연구자가 우연히 다른 분야의 연구자와 마주쳐 여러 이야기를 나누고, 그 대화에서 우연히 통찰을 얻는 식의 순기능이 작동한 것이다. 이 건물에서 수많은 새로운 발명과 여러 명의 노벨상 수상자가 나온 건 이처럼 각 분야의 연구자들이 자연스럽게(혹은 어쩔 수 없이) 융합한 덕분이었다.

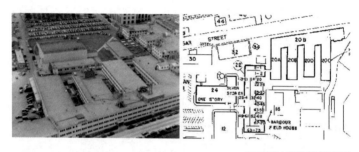

MIT 캠퍼스에 자리한 '빌딩 20'

그렇다고 해서 반드시 물리적 공간이 마련되어야만 융합이 일어난다는 뜻은 아니다. 멀리 떨어져 있는 사람들끼리도 서로 긴밀한 소통이 가능한 환경이 마련되면 함께하기 면에서 더 좋은 성과를 거둘 수 있다.

✦ 생각해보기

본인이 하고 있는 업무의 전체적인 모습을 확인해보고 그 업무를 수행하기 위해 구성된 지식 공동체의 모습을 그려보자.

_____

_____

_____

_____

_____

_____

_____

_____

집단 지혜를 키우려면

지금은 조금 나아졌다고 할 수 있지만 과거의 우리 문화는 말하는 쪽보단 침묵하는 쪽을 장려해왔다. 또한 단일민족 신화, 집단주의 성향은 나와 다른 생각을 틀린 생각으로 간주하는 문화를 형성하는 데 일조했다. 이런 문화가 사람들로 하여금 '어차피 내 생각은 틀렸다고 할 텐데 뭐…' 하며 자기 생각을 드러내지 않게 만든 것은 당연하다.

조직 내에서도 구성원들의 입을 막아버리는 착각이나 관행은 어렵지 않게 발견된다. 회의에서 어떤 아이디어가 도출되면 그와 관련된 업무는 그 아이디어를 제시한 사람에게 줘야 한다는 착각이

한 예다. 또한 회의에서 상사가 제시한 의견에 반대하지 않고 따르기만 해도 중간은 간다는 식의 사고방식도 다양한 의견 교류와 토론을 통해 발전과 혁신이 탄생할 기회를 없애버린다.

이러한 방해물을 없애려면, 그래서 함께 생각하며 집단 지혜를 키워나가려면 어떻게 해야 할까?

메타인지와
설명 능력

하나의 영역에서 다른 영역으로 지식을 전파하기 위해서는 자신의 지식을 확장하는 방안, 다시 말해 자신이 가진 지식을 다른 이들의 지식과 잘 연결해 융합하는 방안을 찾아야 한다. 그러려면 자기가 무엇을 알고 모르는가를 잘 판단하고 자신의 장단점을 정확히 파악해야 하며, 자신이 알고 있는 바를 타인에게 잘 설명하는 능력을 키우는 것이 필요하다.

가령 회의 참석 전에 그 회의에서 다룰 안건에 관한 자신의 의견이나 계획을 먼저 자신에게 설명해보면 본인이 해당 안건에 대해 얼마나 잘 알고 있는지 파악할 수 있다. 만약 막히는 부분이 있다면 그건 자신이 그 안건을 정확히 알지 못하고 있을 수 있다는 뜻이니 막히는 부분을 다시 한번 생각하고 보완하는 편이 좋다.

'설명 깊이의 착각the illusion of explanatory depth'이라는 것이 있다. 대화 중 전문용어를 사용하면 더 잘 알고 더 잘 설명하는 것처럼 보일 것이라고 여기는 착각이다. 정작 듣는 사람은 어려운 용어가 섞인 이야기일수록 좋은 설명이라고 생각하지 않을 뿐 아니라 설명 방식이 나빴기 때문에 그 이야기를 이해하지 못한 것이라고 생각한다. 따라서 무언가에 대한 설명은 쉬운 말로 할 수 있게끔 연습할 필요가 있다.

또한 어떤 분야에서든 전문가들은 자신이 그 분야를 잘 알고 있으니 설명도 잘할 거라고 착각하기도 한다. 하지만 최고의 전문가라고 해서 설명을 잘하는 것은 아니기에, 자신의 분야를 다른 사람에게 잘 설명하려면 별도의 연습을 꾸준히 해야 한다. 머릿속에 떠오른 생각을 말로 바꾸고 그것을 스스로에게 설명해보자. 자기 생각의 중심적 의미를 잘 표현하는 정확한 단어 선택에 집중하는 것이 중요하다. 이 과정을 통해 머릿속이 정리되기 때문이다.

설명하는 연습은 지식을 온전하게 자신의 것으로 만들 수 있기에 교육 장면에서도 이 방식이 적용되고 있다. 이와 관련된 연구에 따르면 또래 친구들을 직접 가르쳐서 학습한 학생들이 그렇지 않은 학생들에 비해 더 높은 성적을 받고 학습 내용을 더 깊게 이해한다는 것이 나타났다. 설명하는 것은 또한 지식의 축적과 이해를 촉진한다. 설명을 위해 본인이 능동적이고 주도적으로 정보를 생성할수록 정보에 대한 이해와 기억이 더 좋다.

상대에게 명확히 전달할 수 있는 지식만이 진정한 앎, 진정한 지식이다. 확실하게 이해하고 전달하는 정보와 어렴풋이 알고 있어서 자기 것이 아닌 상태에서 전달하는 정보는 완전히 다르다. 특정 지식을 온전히 자기 것으로 만든 사람들은 그 지식을 상황에 따라 유연하게 활용하며 설명할 수 있다.

생각도 마찬가지다. 자기 생각을 다른 이에게 설명하는 과정에서 모순점이나 부족함을 파악하고 상대가 무엇을 어떻게 이해하고 있는지 살펴보는 과정에서 문제점 및 이해의 정도를 파악할 수 있다.

질문이
차이를 만든다

요즘은 다문화와 다양성에 대한 교육이 이전보다 확대되었으나, 불과 수십 년 전의 교육 현장에서만 해도 대한민국은 단일민족국가임을 강조하며 가르쳤다. 그래서인지 한국인 중에는 유독 동질감을 중시하는 이가 많다. 물론 동질감을 가지는 것 자체는 특별한 문제가 아니지만 그로 인해 자신과 비슷하지 않은 사람을 배척하는 경향을 보이는 건 심각한 문제다.

동질성을 강조하다 보면 다른 의견이나 질문이 제기되는 것 자체를 불쾌히 여기고 심지어는 공동체에 반하거나 적대적인 것으로 오해하는 경우가 생길 수 있다. '우리는 모두 같은 생각을 하고 있어서 특별히 질문이 나올 이유가 없다'는 식의 착각이 만들어내는 어처구니없는 오해다.

질문의 실종을 보여주는 대표적인 사례로 버락 오바마 전 미국 대통령이 방한 기간 중 가졌던 인터뷰 장면을 들 수 있다. 전 세계에 중계된 기자회견에서 오바마 대통령은 한국 기자들에게 질문 기회를 여러 차례 주었지만, 결국 그날 그에게 질문을 던진 기자는 한 명도 없었다. 그 인터뷰를 시청한 사람들은 마치 방송사고가 일어났을 때처럼 몇 초간 정적이 당황스럽게 이어졌던 장면을 기억할 것이다.

이런 일이 특별히 그 기자회견에서만 나타난 것은 아니다. 기업 혹은 기관의 회의에서도 질문과 대답이 활발히 오가지 않는다는 건 주지의 사실이니 말이다. 그래서인지 어떤 회의에서는 일방적으로 참석자들의 순서를 정해 강제로 질문을 하게 하는 진행자(대개는 상사)도 볼 수 있다. 하지만 이런 식으로 강요하는 상황에서는 그저 무난한 수준의 엇비슷한 질문만 반복적으로 나올 뿐, 진정한 의미의 질문이 등장하는 건 더 어려워질 수 있다.

집단 지혜의 첫걸음은 다른 이들이 어떤 지식과 생각을 하고 있는지 알아나가는 데서 시작된다. 질문은 대화를 활성화하고 다른 사람의 지혜를 얻을 수 있게 한다. 단 '찬성 혹은 반대' 아니면 '긍정 혹은 부정' 등과 같이 이분법적 보기나 사지선다형 보기를 담은 폐쇄형 질문을 던지는 것은 좋지 않다. 없는 의견을 있는 것처럼 꾸며서 대답하게 하거나 질문자의 의도에 맞추어 대답할 가능성을 높이기 때문이다. 따라서 다른 사람의 생각을 들으려면 해당 사안에 대한 의견이 있는지를 먼저 묻고, 있다면 어떤 의견인지를 다시 묻는 두 단계 질문법을 사용하는 편이 좋다.

회의의 목적은 무엇일까? 회의의 사전적 의미는 '여럿이 모여 의논함. 또는 그런 모임'이다. 문제의 해결을 위해 회의에서 문제를 세분화하고 분석하는 사고도 물론 중요하다. 하지만 함께 생각하고 새롭게 생각하는 회의 환경을 조성하려면 자유로이 대답할 수 있는 열린 질문open question, 그리고 보다 깊은 내용으로 파고드는 반복 질문repeat question을 충분히 활용하는 것이 좋다.

함께 생각할 때
유의해야 하는 점

다만 이런 환경에서 아이디어나 의견을 나눌 때 주의할 점이 한 가지 있다. 처음으로 의견을 낸 사람이 누구인지, 지금 진행되고 있는 일이 누구의 성과인지를 지나치게 의식하지 말아야 한다. 이러한 인식은 집단 지혜를 방해하는 요소로 작동할 가능성이 크다. 최초로 아이디어를 낸 사람도 중요하지만 그 아이디어를 구현할 수 있게 하는 동료들의 도움이 더욱 중요하다는 인식을 가져야 한다.

또한 아이디어를 구축해나갈 때는 누구든 참여할 수 있는 자유로운 분위기를 만들어야 한다. 이를 위해서는 아이디어의 질이 아닌 수를 중시해야 할 필요성이 있다. 더불어 아이디어를 조합하고, 남의 아이디어를 비판하지 않으며, 현재 논의되고 있는 아이디어는 공동의 것임을 인식하는 것 역시 집단 지혜를 촉진하는 데 매우 중요한 요소임을 기억해야 한다.

생각의 그릇을
키워주는 리더

자기 생각을 감추는 것이 권장되는 문화적 특성, 상사의 말을 잘 따르는 것이 가장 바람직한 자세라고 여기게 하는 조직의 특성은 함께 생각하는 데 필요한 적절한 소통을 방해하는 장애물이 된다. 이런 것들에 막혀 있는 소통의 길을 활성화하는 것은 리더가 짊어진 책임 중 하나다.

이를 위해 리더는 진행자facilitator가 되어야 한다. 집단 지혜가 잘 이뤄질 수 있도록 도와주는 역할을 해야 한다. 그래서 편안하게 의견을 말할 수 있는 분위기를 조성해주어야 하며 절대로 섣불리 개입해서는 안 된다. 다시 말해 리더의 가장 중요한 역할은 조직원들이 스스로, 또 함께 생각하는 습관을 다시 살리도록 돕는 것이다.

당신은 현재 체중 감량을 위해 다이어트 중이다. 그렇다면 당신이 먹을 음식은 큰 그릇과 작은 그릇 중 어느 것에 담아야 할까? 답은 작은 그릇이다. 같은 양의 음식이라도 작은 그릇에 담으면 많아 보이고, 따라서 큰 그릇에 담을 때보다 허기를 덜 자극하기 때문이다.

생각은 어떨까? 생각은 큰 그릇에 담을수록 좋다. 생각의 크기가 크면 그 결과도 클 수 있지만 그릇이 작으면 그 생각에 근거하여 나타나는 결과의 크기도 작을 수밖에 없는 탓이다.

특히 조직의 리더는 구성원들이 자신의 생각을 마음껏 쏟아 넣을 수 있는 큰 그릇을 마련해줘야 한다. 설사 당장 현실에선 구체화될 가능성이 없어 허황하게 들리는 의견이나 아이디어라도 얼마든지 담아내는 큰 그릇 말이다. 생각이 담길 공간을 이렇게 넓혀주면 구성원들은 아이디어를 발현하는 것에 대한 부담이 적어지고 그에 따라 상상력과 창의력을 발휘할 가능성도 커진다.

말 안 해도 알지?

말 안 하면 모른다!

          대개 사람들은 누군가에게 설명을 하고 나면 분명 자신이 의도한 대로 내용을 정확히 이해했을 거라고 착각한다. 하지만 이후 자신이 말한 바와 상대가 이해한 바가 전혀 다르다는 사실을 알고선 놀라는 경우가 적지 않다. 이럴 때 '나는 제대로 설명했는데 저 사람이 잘 이해하지 못한 거야.'라고 생각하기 쉽다.

  우리가 대화를 하는 목적은 자신의 생각을 그저 말하려는 것이 아니라 상대에게 올바로 전달하려는 데 있다. 따라서 이해는 설명하는 사람의 책임이다. 커뮤니케이션의 주인공은 듣는 사람이라는 사실을 간과해선 안 되는 것이다.

  이럴 때 필요한 것이 마음이론Theory Of Mind, TOM이다. 마음이론은 상대가 어느 정도의 지식과 이해도를 갖고 있으며 지금 어떤 생각으로 어떻게 행동할지를 추론할 수 있는 능력을 뜻한다. 설명하는 상황에 빗대보자면 '내 생각에 네겐 이렇게 설명하면 알아들을 것 같아.' 혹은 '내 생각에는 네가 이런 것 때문에 힘들어하고 있는 것 같아.'라고 판단하는 능력이라 할 수 있다. 이러한 능력은 다른 사람의 마음에 공감하여 소통을 촉진하는 데 도움을 준다.

  다른 사람의 사고 수준, 생각 및 감정을 파악하고 예측하는 능력은 모든 조직 구성원에게 필요하며 리더에게는 더더욱 중요한 능력이다. 일반 구성원들은 회의나 대화 중에 자신의 생각과 정보를 전달하기 위해 언어, 눈빛, 표정, 몸짓 등을 이용하며 최선의 노력을 다한다. 그런데 정작 회의를 이끌어나가는 이들이 회의적이거나 딴생각에 빠져 있는 듯한 표정을 보인다면 어떨까? 또 한 가지 의견에만 지나치게 맞장구를 친다거나 휴대전화를 들여다보는 등의 행동을 한다면? 이러면 구성원은 회의 중 자신의 의견을 아예 내놓지 않거나 듣는 사람에 맞춰 대충 이야기하고 넘기려 할 것이다. 이런 분위기의 회의가 어떠할지는 불 보듯 뻔하다.

  따라서 리더는 마음이론의 측면에서 스스로를 끊임없이 점검해야 한다. 현재 발언하는 이의 말을 잘 듣기 위해 노력하고 있는지, 자신이 다음에 할 말을 생각하느라 주의가 흐트러진 것은 아닌지, 자신의 이야기만 계속하고 있지는 않은지 등을 말이다. 이러한 점검 습관은 구성원들로 하여금 자신의 의견을 보다 자신 있게 내놓게 하고 회의 시간을 생산적으로 만들며, 무엇보다 리더 자신의 마음이론을 키우는 데 큰 도움이 된다.

넛지를
활용하자

넛지nudge는 행동경제학의 대가이자 2017년 노벨 경제학상 수상자인 리처드 H. 탈러Richard H. Thaler 교수가 제안한 개념이다. 넛지란 '팔꿈치로 쿡 찌르며 살짝 부추기는 행동'을 뜻한다. 그는 강제로 어떻게 하라고 요구하기보다는 팔꿈치로 쿡 찌르며 살짝 부추기는 정도의 개입으로 더 나은 것을 선택하게 할 수 있으며, 이러한 설계가 변화를 일으키는 데 보다 효율적이라고 주장한다. 남자 화장실의 소변기에 파리 스티커를 붙였더니 소변기 밖으로 흘러나오는 소변의 양이 대폭 줄었다는 이야기는 가장 대표적 사례다.

리더의 역할은 강요나 명령 대신 넛지를 이용해 구성원들이 큰 부담이나 어려움 없이 스스로 더 나은 방향으로 갈 수 있게 이끄는 것이다. 그렇다면 집단 지혜를 위해 넛지를 어떻게 활용할 수 있을까? 아주 간단하게 생각해보면 다른 사람의 입장을 고려하여 완곡하게 표현하는 배려도 일종의 넛지다. '무언가를 해라'가 아니라 '나는 이렇게 했었다'고 예의를 갖추어 표현하는 것 역시 마찬가지다. 조직에서 팀원들이 자유롭게 의견을 내지 못하는 분위기라면 집단 지혜는 불가능하다. 팀원의 의견을 구할 때 마치 본인의 상사에게 부탁하는 것처럼 요청하는 건 어떨까? 별것 아닌 것 같아도 편하게 의견을 말할 수 있는 부드러운 분위기를 만들어낼 수 있을 것이다.

✦ **실천해보기**

나의 업무에 대해선 다른 누구보다 내가 가장 잘 알고 있을 것이다. 다음의 두 가지 방법으로 나의 업무를 타인에게 친절하게 설명하는 연습을 해보자.

① 내 업무를 같은 분야의 전문가에게 설명하는 글을 1분 분량, 10분 분량으로 각각 작성해보자.

_____

② 내 업무를 내 분야와 전혀 무관한 사람에게 설명하는 글을 1분 분량, 10분 분량으로 각각 작성해보자.

_____

✦ **생각해보기**

다양한 질문이 풍부하게 나오는 회의로 만드는 데는 어떤 방안들이 있을지 생각하고 의견을 나눠보자. '질문 자체에 대한 비판적 평가를 금지하기', '질문의 종류와 관계없이 모든 질문에 대해 성실하게 답변하기' 외에도 여러 방안이 나올 것이다.

_____

_____

8장

깊은 생각이
답이다

결국 생각이 답이다

최선의 선택을 방해하는
요소 파악

특정 문제에 대한 하나의 정답이 존재하는 시대가 지나가고 있다. 복잡성과 불확실성이 점차 증가하면서 소위 고차방정식을 사용해 해답을 찾아야 하는 경우가 대부분이다. 그런데 우리의 교육 방식은 정답에 대한 강박적 요구에서 벗어나지 못하고 있다. 우리나라 학생 대부분은 어렸을 때부터 정답을 빠르게 찾는 방법을 중심으로 학습해온 덕분인지, 이 능력에서만큼은 세계 최고 수준이라 할 수 있다. 심지어 새로운 방식으로 생각해야 하는 창의력올림피아드에서도 문제를 유형별로 구분하여 학습하고 풀어나가는 정형화된 방식을 사용하기도 한다.

세상 모든 문제에 정답이 있는 것은 당연히 아니다. 우리가 살면서 접하는 문제는 크게 둘로 나눌 수 있다. 하나는 '정답이 있는 문제', 그리고 다른 하나는 '해답을 찾아야 하는 문제'다. 이 두 유형의 해결 능력을 골고루 발전시켜 주는 교육 시스템이라면 참 좋겠지만 한국에선 전자에만 초점을 맞춘다. 그 결과 학생들은 후자 형태의 문제를 접할 때 해결에 어려움을 느낀다(그러한 교육 과정을 거친 어른들도 마찬가지다). 이런 단점이 보완되지 않는다면 한국의 교육 시스템은 앞으로 더 큰 난관과 마주할 것이다. 많은 사람들이 말하듯 지금은 복잡성과 불확실성의 시대이기 때문이다.

복잡성과 불확실성의 시대를 다른 말로 표현하면 접해본 적이 전혀 없고 답을 구하기도 어려워 보이는 문제들이 도처에서 등장하는 시대라 할 수 있다. 현대 사회에는 다방면의 여러 구성 요소가 서로 복잡하게 연결되어 있다. 그래서 어떤 문제와 관련된 요소 중 일부가 아주 약간만 달라져도 예상과는 매우 동떨어진 결과, 혹은 전혀 몰랐던 새로운 결과를 마주할 가능성이 높아졌다.

현대사회의 이러한 특성을 잘 나타내는 것이 독일의 수학과 교수 디트리히 브라에스Dietrich Braess가 제시한 '브라에스의 역설Braess's paradox'이다. 교통체증 문제를 해결하기 위해 새로운 도로를 건설하면 오히려 교통량이 늘어 이전보다 더 막히고, 반대로 문제의 도로를 폐쇄하거나 축소하면 역설적으로 교통량이 감소하며 문제가 완화된다는 가설이다. '차가 항상 막히는 곳이라고? 그러면 도로를 확충하면 되지!'와 같은 단순한 생각은 문제해결에 도움이 안 되는 것이다.

실생활에서도 이와 비슷한 예를 쉽게 찾을 수 있다. 기존 제품의 단점들을 획기적으로 해결했다며 자신 있게 내놓은 신상품이 시장에서 철저히 외면받거나, 수년간 아무 반응을 얻지 못한 노래가 어느 날 갑자기 공전의 히트곡으로 등극하는 경우를 우리는 심심치 않게 접한다. 이러한 시대적 상황에서 우리에게 정말로 필요한 것이 과연 정해져 있는 정답을 재빨리 찾는 능력일까?

'지금의 변화가 앞으로 어떤 상황을 불러일으킬까?'라는 질문에는 정답이 있을 수 없다. 더구나 지금까지 살펴봤듯 현대 사회에서 많은 문제들은 서로 복잡하게 상호 연결되어 있어 어떤 문제와 관련된 요소 중 일부 작은 변화가 수많은 변화를 초래하여 전체적으로 큰 변화를 이끌어 그 결과 완전히 새로운 것이 나타날 수 있다. 하지만 그 변화가 어떤 방향으로 나타날지, 얼마나 크게 나타날지를 예측하는 것은 무척 어려운 일이다.

더욱이 어떻게 문제를 바라보는 것이 올바른 일인지, 어떤 방법이 가장 올바른 해결책인지, 이를 어떻게 시행하는 것이 가장 좋은 일인지는 그 문제를 이해하고, 판단하고, 시행하는 단계에서는 알기가 힘들다. 즉 우리는 선택의 단계에서는 최선의 선택인지 알지 못한다.

따라서 어떤 문제에 대해 어떠한 해결책이 가장 올바른 해결책인지를 찾으려 고민하기보다는 우선 우리가 가능한 한 최선의 선택을 하는 것을 방해하는 요인들이 어떤 것인지, 어떻게 하면 이러한 방해 요인들로부터 벗어날 수 있는지에서 시작할 필요가 있다.

그리고 인간의 무기인 복합적으로 생각하는 능력, 이해와 해석을 바탕으로 새로운 것을 만들어내는 능력, 함께 생각하는 능력을 바탕으로 올바른 생각의 습관을 만들고 이를 부단히 연습하여 새로운 생각, 최선의 결정을 만들어나가자.

인간이 가진 차별화된 능력,
생각

인공지능의 등장은 역설적으로 인간의 생각이 얼마나 특별한지 보여주는 계기가 되었다. 피상적으로만 본다면 인간은 이미 다양한 분야에서 꽤 오래전부터 컴퓨터 혹은 인공지능과의 대결에서 명백하게 패했다. 그러다 보니 인공지능이라는 존재에 대한 두려움이 만연하기도 한다.

인공지능은 발전 과정에서 점차 몸집을 불려 가면서 소위 거인이 되어가고 있다. 데이터의 용량도 딥 러닝을 거쳐 거대언어모델 Large Language Model, LLM에 이르면서 조 단위를 넘어섰고, 학습에 드는 비용도 천문학적이고, 서버에 장착되는 GPU가격, 서버 구동에 드는 에너지를 고려한다면 상당히 비효율적인 시스템이다. 지구 온난화를 고려한다면 과연 생성형 AI의 사용이 윤리적으로 올바른 선택일지 의문이 든다.

인간은 어떤가? 빅데이터 자체를 처리할 능력이 없다. 오직 적은 양의 데이터를 가지고 놀라운 생각을 해왔다. 삼시세끼면 충분하다. 인공지능처럼 24시간 일하지 않고 때로 휴가를 가기도 한다. 정말 효율적인 시스템이다.

게다가 인공지능이라는 시스템도 인간이 만든 것이다. 시스템의 작동 방식, 매개변수, 우선순위 모두 인간이 만들었으며 결과물도 인간이 정한 기준에 맞추어 도출된다. 그래서 인간의 실수나 편견도 결과물에 그대로 드러난다.

인간의 생각은 이렇게 특별하다. 그래서 지금은 인간의 생각하는 능력을 다시 한 번 들여다보고 발전시켜나가야 하는 시점이다.

그래서 지금 필요한
생각 CPR

다시 한 번 강조하지만 생각은 누구나 한다는 생각에, 많은 사람들은 생각하는 방법에 대해서는 고민해 보지 않는다. 그런데 그저 누구나 하는 생각에 머무르면 호모 사피엔스가 아닌 호모 유스리스Homo useless로 전락할 수 있음을 기억해야 한다.

제대로 생각하는 방식에 대해 배워본 적이 없기 때문에 막연한 방법으로 생각하고 문제에 접근하고 해결하려는 시도가 이뤄지고 있다. 이러한 시도가 성공적으로 이어지지 못할 때 오히려 생각을 회피하는 모습이 나타날 수 있다. 따라서 체계적인 생각 CPR을 통해 생각의 품질, 지식의 품질을 향상시키는 연습이 필요하며 단순히 한두번의 시도에 머무르지 않고 나아가 이를 습관화하는 것이 핵심이라 할 수 있다.

생각하는 방법에 대해 익혔으면 이를 습관화하고 발전시켜 고품질 생각으로 이어가는 작업이 필요하다. 빵을 만드는 방법을 익혀 숙달되고 나면 맛있는 빵을 만드는 방법에 대해서도 고민해봐야 하는 것처럼 생각하는 방식에 대해 이해하고 생각의 기초 공사를 하고 나면 고품질의 생각을 할 수 있는 방법을 고민해봐야 한다.

생각 시스템을 작동시켜라

생각 시스템을 올바로 작동시키기 위해서는 우선 정확한 관찰을 통해 문제를 명료하게 이해하고 올바로 정의해야 하며 이를 바탕으로 문제에 대한 정확한 개념화를 시켜야 한다. 이를 위해서는 올바른 입력coding의 습관화가 필요하다.

문제를 정확하게 개념화하고 나면 편향의 영향을 최소화하여 최적화된 결정을 해야 하며, 그에 따른 체계적인 계획을 수립해야 한다. 따라서 체계화된 처리processing의 습관화가 필요하다.

마지막으로 계획의 능동적이고 효과적인 적용을 통해 문제를 해결하여야 한다. 그러므로 실행을 통한 인출retrieval의 습관화가 필요하다.

올바른 입력의
습관화

　　　　　　　일반적으로 문제는 기존에 경험이 있거나 기존의 해결책이 잘 작동할 것이라 예상되는 일들을 할 때보다는 새로운 방향을 바라보고 가능성을 탐색하는 상황이나, 예상치 못한 장애물이 나타났을 때 발생한다. 따라서 문제는 그것을 정의하는 것부터 해결에 이르기까지 모든 부분에 있어서 어려움을 준다.

　문제의 이해는 주어진 사실과 정보를 어떤 관점으로 바라보고 해석하는가를 의미하는데, 어떻게 문제를 이해했는지는 이후 어떠한 해결책을 제시할지를 좌우한다. 손쉬운 예로 사람들은 물컵에 물이 반쯤 있는 것을 '물이 반이나 있다.' 혹은 '물이 반밖에 없다.'와 같이 전혀 다른 관점에서 바라볼 수 있는데, 이후 행동은 물이 반쯤 있는 것을 어떻게 해석했는지에 따라 달라진다.

　어떻게 문제를 이해했는지의 중요성은 역사적인 사실들에서도 잘 드러난다. 임진왜란이 일어나기 전 조선의 조정에서는 일본의 상황을 살펴보기 위해 통신사를 파견했는데 일본에 다녀온 통신사의 정사와 부사는 동일한 상황을 살펴보고도 '곧 전쟁이 일어날 것이다.'와 '그렇지 않을 것이다.'라는 전혀 다른 관점으로 보고했다. 그 이후의 일은 모두가 다 아는 슬픈 역사다.

　많은 경우에 우리는 문제를 이해하고 정의하는 과정은 그리 어렵지 않다고 생각하여 생각의 빠른 시스템을 사용하여 쉽게 이해하고 그것을 바탕으로 문제의 해결책을 찾는 데 주력한다. 하지만 문제를 해결하기 위해서는 무엇보다도 문제를 다양한 관점으로 파악하는 데 주력하고 문제를 새로운 틀에서 이해해야 한다.

이를 위해서는 먼저 문제가 있고 해결책이 필요하다는 기본적인 전제부터 의심할 필요가 있다. 또한 큰 문제는 여러 개의 작은 문제로 나누고 다양한 수준에서 분석을 해야 한다. 100% 정확한 분석은 불가능하다. 따라서 인과관계, 가능한 예측과 그에 따른 개선책들을 이해하는 데 주목해야 한다. 100점 맞으려고 계속 더 열심히 하는 것은 올바른 전략이 아니다.

문제를 어떻게 진술하는지도 역시 문제해결의 가능성에 큰 영향을 준다. 문제 진술 방식에 따라 다양한 분야로부터 더 나은 해결책을 찾을 가능성이 늘 수 있다. 문제 진술에서 가장 중요한 것은 너무 전문적이지 않지만 충분히 구체적으로 문제를 진술해야 한다는 것이다.

가까운 거리에서 아주 작은 각도의 차이가 거리가 멀어질수록 점점 커져서 나중에는 전혀 회복 불가능해지듯이, 문제를 이해하는 단계에서의 아주 작은 차이는 마지막에 엄청난 차이로 나타난다. 따라서 문제 이해단계에서의 오류는 특히 조심해야 한다.

문제에 대한 정의를 내리기 전에 다시 한 번 고민해보자. 혹시

'머리가 아프니 이제 끝내자.'라는 생각으로 적당히 결정한 것은 아닌지 생각해보자. 시작이 반이다. 문제에 대해 올바로 정의했다면 반 이상은 했다.

체계화된 처리의 습관화

항상 좋은 결과를 얻을 수는 없지만 언제나 좋은 결정을 하고 올바른 계획을 세울 수는 있다. 좋은 결정을 하고 올바른 계획을 세우기 위해서는 문제를 올바로 정의하고 그와 관련된 정보를 폭넓게 수집하고 탐색해야 한다. 또한 탐색한 정보를 잘 분석하고 해석할 수 있어야 한다.

목표를 어떻게 설정하고 진술하는지가 향후 그 일을 얼마나 적극적으로 수행하려 하는지와 매우 관계가 깊다. 특히 리더들이 목표를 어떻게 제시하는지는 조직 구성원들이 이를 얼마나 의미 있게 받아들이고 적극적으로 따르도록 하는지를 결정하는 매우 중요한 요인이다.

목표를 설정할 때 중요한 것은 무엇을 어떻게 해야 하는지가 아니라 '왜' 하는지에 초점을 맞춰야 한다. 많은 경우에 목표(궁극적으로 이루고자 하는 바)와 성과(목표를 이루려고 노력하는 과정에 달성해 나아가는 각각의 성취)를 구분하지 않고 성과지표(예를들어 생산성 10% 향상)를 목표로 설정하는 데 이러한 목표는 동기 유발이나 업무를 자신의 것으로 여기게 만드는 데는 도움이 안 된다. 목표는 우리가 지금 하고자 하는 일을 왜 하는지를 명확히 설명할 수 있는 것이어야 한다.

목표를 이루기 위해 계획을 세울 때에는 지금 당장 해야 할 일, 단기, 중기, 장기 계획 등 여러 수준에 걸쳐 각기 구분되지만 목표를 이루기 위해 필요한 것들을 중심으로 계획을 세워야 한다. 이렇게 계획을 세우면 각각의 계획들이 서로 유기적으로 연결되며 지금 하고 있는 일들이 목표와 어떻게 연결되어 있는지를 명확하게 인식할 수 있다. 왜 하는지 모르는 일이 가장 하기 힘든 일이라는 것을 기억하자.

결정을 할 때는 확률론적 관점에서 행동의 결과를 다양하게 예측하는 습관을 만들어야 한다. 사람들은 일반적으로 한번 결정하고 나면 자신의 결정을 지지해주는 증거에 주목하고 잘못 결정하고 있다는 신호를 무시하는 경향이 있다. 따라서 결정을 내리기 전에 미리 목표달성에 대한 걸림돌을 상상해볼 필요가 있으며 부정적 결과에 대해 예상을 해볼 필요가 있다. 이러한 생각들은 더 나은 결정을 가능하게 하며 부정적인 결과에 대한 대처를 가능하게 한다.

이를 위해서는 내가 이 결정을 선택한 이유와 내 생각에 반대하는 관점이 어떤 문제점이 있는가를 살펴보자. 그리고 거꾸로 내 결정에 반대하는 입장의 장점과 내 생각의 문제점을 생각해보자.

많은 사람들이 결과를 단언해서 생각(이것을 하면 성과를 얻을 것이다)한다. 반면 몇몇의 사람들은 확률적으로 생각(우리가 90~100 정도 되는 성과를 얻을 확률이 80% 정도다)한다. 물론 확률적 생각이 더 올바른 생각이지만 이런 생각들조차도 실제에 비해서 지나치게 좁게, 그리고 낙관적으로 판단하는 경향이 있다. 이러한 결과는 우리가 우리의 측정과 판단을 과신하고 낙관하는 경향이 있다는 것을 보여준다. 따라서 확률적 예측을 할 때에는 가능한 범위를 좁혀서 생각하지 말고 일어날 확률이 낮은(조금 더 극단적인) 범위도 고려해야 한다. 즉 최하, 중간, 최상의 세 가지 수치를 생각하여 (50 이하의 성과를 얻을 확률이 10% 정도 된다. 혹은 10%의 확률로 200 이상의 성과를 얻을 수 있을 것이다) 예측을 할 필요가 있다.

사전 검시는 만약 계획이 잘못된다면 어떤 이유로 잘못될 것인지를 살펴보는 것이 아니라 계획이 실패했다고 가정하고 왜 실패했는지를 분석하는 것이다. 이러한 사전 검시는 실패를 가정하고 분석하기 때문에 계획을 세우는 단계에서 가정이 잘못되었는지, 집단사고와 같은 편향 때문에 잠재적인 문제점을 간과했는지를 보다 적극적으로 점검할 수 있게 한다.

사전 검시에서 그치는 것이 아니라 실제 결과가 나타났을 때, 실제 결과와 사전 검시 결과를 포함한 나의 판단과의 차이점, 같은 점을 빠짐없이 기록하는 것도 향후를 위해 중요하다.

과거에 성공한 경험에 대해서도 잘못된 점들을 찾기 위한 노력을 기울여야 한다. 많은 경우에 '결과가 좋으면 다 좋은 것이다!'라고 생각하며 성공한 경험에서 잘못된 점을 찾는 노력을 기울이지 않는데, 실패한 경험에서 잘못된 점을 찾는 것보다 성공한 경험에서 잘못된 점을 찾아나가는 것이 더 효과적일 수 있다. 성공한 경험에서 잘못된 점을 찾아나가는 것은 훨씬 덜 고통스럽고 사건을 더 잘 바라볼 수 있게 하기 때문에 더 나은 결정을 위한 최고의 훈련이다.

또한 성공 사례로부터 성공 스토리를 배워나가는 것보다 성공 사례들을 냉정하게 재분석하여 어떻게 했으면 더 성공했을지, 더 나은 길은 없었는지, 있었다면 그 길을 선택하지 않은 이유는 무엇인지를 생각해보는 것이 미래의 더 나은 결정을 위한 좋은 연습이 될 수 있다.

인출의
습관화

　　　　　　　문제 정의를 하고 구체적인 계획, 예상되는 결과를 정리했다면 이제 이를 실제 행동으로 구현해야 한다. 행하지 않으면 아무것도 하지 않은 것이다. 이 단계는 누구나 당연하다고 생각하면서도 연습을 별로 하지 않는 단계이기도 하다. 하지만 계획을 행동으로 구현하고 능동적으로 문제를 해결해나가는 데에도 상당한 연습이 필요하다. 머릿속에 있는 생각이나 메모나 글로 문서화된 생각, 계획에도 상당한 비용이 들어가지만 실행은 그보다 훨씬 큰 투자를 필요로 한다. 무엇보다도 생각은 개인적인 것이지만 실행의 단계부터는 공식적이고 공적인 영역이다. 따라서 실행에는 두려움이 따른다.

실패에 대한 두려움은 결정과 그에 따른 실행을 주저하게 한다. 점심시간에 가장 흔하게 나오는 메뉴가 '아무거나'인 이유는 내가 어떤 것을 먹자고 제안하고 그것을 사람들이 받아들이면 바로 실행에 옮기게 되고, 그에 따른 결과를 금방 볼 수 있기 때문이다.

또한 실제로 좋은 아이디어라 할지라도 실행에 옮겨져서 성과를 내는 것은 소수에 불과하다. 연구에 따르면 1838년부터 100년 넘는 시간 동안 미국 특허청에 등록된 쥐덫 관련 특허는 4,400개이지만 이 중 실제로 제품화되어 수익을 낸 것은 24개뿐이다.

하지만 과감한 실행은 필수적인 일이다. 테트리스 게임을 잘하는 사람들은 다른 사람들에 비해 더 빨리, 더 많이 블록들을 돌리면서 어디에 놓는 것이 가장 적합한지를 분석한다고 한다.

최선의 생각과 계획은 문제해결을 위해 매우 중요하다. 하지만 과감한 결정과 그에 따른 실행은 더욱 중요하다. 이는 실행이 바로 문제 정의와 결정, 그에 따른 계획 수립에 대한 최종적인 평가이기 때문이다. 또한 실행에 따른 성공 혹은 실패는 이를 발판으로 새로운 생각으로 나아갈 수 있게 하는 원동력이다.

생각을 행동에 옮길 때 성공적인 경우도 있지만 그렇지 않은 경우도 많다. 하지만 실행의 실패가 반드시 생각이 잘못되었다는 것을 의미하진 않는다. 마치 과제의 성공적 수행이 반드시 올바른 판단을 의미하지 않는 것처럼. 실행의 실패가 생각의 실패 때문이었는지를 냉정하게 평가해보자. 그리고 거기서부터 다시 나아가자. 실패로부터 얼마나 빨리, 잘 통찰을 얻는지가 성공의 열쇠다.

실행에는 비용이 들어간다. 하지만 상당한 투자가 있더라도 후퇴해야 될 때는 과감히 결단해야 한다. 계획 수립 시에는 매몰비용에 대한 고려가 필요하며 계획을 실행할 때 헤매는 것은 당연하다는 관점을 가져야 한다.

실행을 촉진하기 위해서는 계획 단계부터 실행과정을 모니터할 수 있는 장치들을 만들어야 한다. 최종 목표에 다가가고 있음을 보여주는 표지석을 마련하여 내가 올바른 길을 가고 있는지를 볼 수 있도록 하고 중간 중간 작은 성취를 맛볼 수 있어야 한다. 또한 우선 해결할 수 있는 문제, 간단한 문제들부터 먼저 해결하도록 하자. 전체적인 문제 수를 줄일 수도 있고 중간 점검의 계기가 될 수도 있고 성취감을 맛볼 수도 있다.

이 책은 생각의 시스템에 대해서 이해하고, 스스로 생각하는 습관을 갖고, 함께 생각하는 집단 지혜를 발휘하려면 어떻게 해야 하는지를 설명하는 설명서다. 복잡하고 불확실한 현대사회에서 인간이 가진 가장 강력한 무기인 생각하는 능력을 키우는 무기 사용 설명서인 것이다.

하지만 설명서를 읽는 것은 작은 시작에 불과하다. 만약 수련을 통해 그 무기를 잘 사용하는 훈련을 하지 않으면 설명서는 그냥 의미 없는 종이일 뿐이다. 처음부터 무기가 가진 모든 기능을 다 사용하는 것은 어려운 일이다. 하지만 무기의 다양한 기능들 중에서 자신에게 가장 적합한 기능을 찾아 그것을 익혀 나아가다 보면 점차 다양한 다른 기능들도 잘 사용할 수 있게 될 것이다.

복합적으로 생각하는 인간의 능력, 틀을 깨고 완전히 새로운 생각을 만들어내는 인간의 능력, 함께 생각하는 인간의 지혜는 산업혁명들을 통해 인간 삶의 질적인 변화를 만들어냈다. 앞으로도 이러한 인간의 능력이 우리의 번영을 이끌 것임에는 틀림이 없다. 문제는 '내가 어떤 역할을 할 것인가?'다. 당신은 어떤 역할을 할 준비가 되어 있는가?

진화할 것인가, 도태될 것인가

과거에 가장 중요하게 사용된 지식 전달 방식은 마을의 최고령자가 자신의 경험을 후대에 전달하는 것이었다. 마을 원로들은 수십 년에 한 번, 혹은 그보다 더 드물게 닥치는 치명적 자연재해나 재난과 관련된 직·간접적 경험이 있기에 그러한 위기 상황의 극복에 필요한 지혜를 다음 세대들에게 제공할 수 있었다.

"내가 어렸을 때도 지금과 비슷한 대기근에 처한 적이 있는데, 그때 사람들은 뾰족하게 생긴 풀을 익혀 먹으며 그 상황을 이겨냈단다. 그런데 동그란 잎처럼 생긴 풀을 먹은 사람들은 목숨을 잃었어."

이런 식으로 말이다. 이들은 자기 세대의 경험과 지식뿐 아니라 보다 윗대의 사람들이 들려준 귀중한 정보도 후세에게 함께 전달해주었다.

그래서 과거에는 '나이가 많다'가 '더 많은 경험을 했다'와 동의어였다. 그렇기에 나이 든 사람은 마을 공동의 지식 창고이자 구성원의 멘토로 인정받으며 존경의 대상이 되었다. 원로들의 지식과 경험이 곧 사회의 지혜가 되고, 그 지혜는 또 사회를 지탱하는 힘이 되어주는 구조였다고 할 수 있다.

하지만 이러한 지식 전달 방식은 산업화 및 정보화 시대를 지나면서 효용이 감소하고 있다. 지금은 정보는 어디에나 있고 원하는 정보에 별 어려움 없이 접근할 수 있는 시대다. 따라서 현대 사회에서 중요한 것은 정보 그 자체가 아니라 '주어진 수많은 정보 중 어떤 것을 어떻게 활용하여 판단하고 결정할 것인가'로 바뀌었다.

또한 지금은 주어진 문제를 잘 해결하거나 푸는 것만으론 충분치 않은 시대이기도 하다. 극도로 복잡하고 초연결적인 사회에서 인간이 맞닥뜨리게 되는 문제는 그 의미를 파악하거나 이해하기 어렵고 해답을 찾기는 더더욱 어려우며, 그 해답이 적절한지도 결과가 나온 이후에야 알 수 있을 때가 많다. 그래서 과거에 큰 성공을 가져왔던 학습 능력과 개선 능력으로는 성과를 도출해내기가 쉽지 않다.

이제는 스스로 문제를 찾아나가고 그에 대한 해답을 제시하는 능력이 요구된다. 너무나 유명한 아이폰의 성공 사례만 보더라도 기존 문제에 매달려 해답을 구하기보다는 새로운 문제를 제시하고 이를 효과적으로 구현하는 능력에서 비롯되었음을 알 수 있다. 바야흐로 '정답을 찾는 능력'이 아니라 '문제를 생성하고 풀어내는 능력'이 필요한 시대가 된 것이다.

이런 면에서 현시대의 사람들은 완전히 새로운 도전에 직면하고 있다. 주어진 문제의 정답을 찾는 사람이 아니라 정의하기 어렵고 정답이 없는 문제를 풀어내는 사람, 더 나아가 완전히 새로운 문제를 발견할 수 있는 사람이 되어야 하기 때문이다.

물론 인류는 지금까지 지속적으로 발전해왔고 앞으로도 계속 그러할 것이다. 하지만 모든 사람과 모든 조직이 같은 정도로 성장하고 변화하고 발전할 수는 없다. 최근에 등장한 변화의 소용돌이는 바로 이런 면에서 수많은 사람과 조직에게 위기이면서 동시에 기회가 된다. 다시 말해 우리(개개인과 개별 조직)는 '진화하거나, 도태되거나'의 기로에 서 있는 것이다.

과학적 심리학의 태동에 지대하게 공헌한 행동주의 심리학에서는 인간은 변한다는 사실을 절대불변의 진리로 주장한다. 그렇다면 지금 이 시점에서 던져야 할 질문은 간단하다.

변화할 것인가, 아니면 변화'당할' 것인가?

| 책을
시작하며 | Devlin, J., Chang, M. W., Lee, K., & Toutanova, K., "Bert: Pre-training of deep bidirectional transformers for language understanding", *NAACL-HLT* (1), 2019, pp.4171-4186. |

1장   대니얼 카너먼, 『생각에 관한 생각』, 김영사, 2018.

"Coventry University" last modified accessed, Feb 04, 2024, https://www.coventry.ac.uk/primary-news/turing-test-transcripts-reveal-how-chatbot-eugene-duped-the-judges/

Andreassen, P. B., "On the social psychology of the stock market: Aggregate attributional effects and the regressiveness of prediction", *Journal of Personality and Social Psychology* 53(3), 1987, pp.490–496.

Ashcraft, M. H., *Human memory and cognition*, Scott, Foresman & Co, 1989.

Atkinson, R. C., & Shiffrin, R. M., "Human memory: A proposed system and its control processes", *The psychology of learning and motivation: Advances in research and theory*, 1968, pp.89-195.

Edward H. Adelson, "On Seeing Stuff: The Perception of Materials by Humans and Machines", *Proceedings of SPIE - The International Society for Optical Engineering* 4299, 2001.

Eliades, M., Mansell, W., Stewart, A. J., & Blanchette, I, "An investigation of belief-bias and logicality in reasoning with emotional contents", *Thinking & Reasoning* 18(4), 2012, pp.461–479.

Lichtenstein, S., & Slovic, P., "Reversals of preference between bids and choices in gambling decisions", *Journal of Experimental*

Psychology 89(1), 1971, pp.46-55.

Wilson, T. D., & Schooler, J. W., "Thinking too much: Introspection can reduce the quality of preferences and decisions", *Journal of Personality and Social Psychology* 60(2), 1991, pp.181–192.

Wilson, T. D., Lisle, D. J., Schooler, J. W., Hodges, S. D., Klaaren, K. J., & LaFleur, S. J., "Introspecting about reasons can reduce post-choice satisfaction", *Personality and Social Psychology Bulletin* 19(3), 1993, pp.331–339.

2장   아트 마크먼, 『스마트 체인지』, 김태훈(역), 한국경제신문사(한경 피비), 2017.

Finke, Ronald., Creative Imagery: *Discoveries and Inventions in Visualization*, Psychology Press, 1990.

3장   Finke, R. A., *Creative imagery: Discoveries and inventions in visualization*, Lawrence Erlbaum Associates, Inc, 1990.

Lesgold, A., Rubinson, H., Feltovich, P., Glaser, R., Klopfer, D., & Wang, Y., "Expertise in a complex skill: Diagnosing x-ray pictures", *The nature of expertise*, Lawrence Erlbaum Associates, Inc., 1988.

Lichtenstein, S., & Slovic, P., "Reversals of preference between bids and choices in gambling decisions", *Journal of Experimental Psychology* 89(1), 1971, pp.46–55.

Marc Mangel and Francisco J. Samaniego, "Abraham Wald's Work on Aircraft Survivability", *Journal of the American Statistical Association* Vol.79, No.386, 1984, pp. 259-267.

4장   Butterfield, B. & Metcalfe, J., "Errors committed with high confidence are hypercorrected", Journal of Experimental Psychology: *Learning, Memory, and Cognition* 27, 2001.

Groopman, J, How doctors think, Houghton Mifflin Company, 2007.

Slamecka, N. J., & Graf, P., "The generation effect: Delineation of a phenomenon", *Journal of experimental Psychology: Human learning and Memory* 4(6), 1978.

Tom Wujec, "The Big Idea", 2023, https://www.tomwujec.com/marshmallow-challenge.

Tversky, A., & Kahneman, D., Judgment under uncertainty: *Heuristics and biases*, Science 185(4157), 1974, pp.1124–1131.

5장   Bechara, A., Damasio, A. R., Damasio, H., & Anderson, S. W., "Insensitivity to future consequences following damage to human prefrontal cortex", *Cognition* 50(1-3), 1994, pp.7-15.

D Kahneman, P Slovic, A Tversky, *Judgment under uncertainty: Heuristics and biases*, Cambridge University Press, 1982.

Damasio, A. R., Everitt, B. J., & Bishop, D., "The Somatic Marker Hypothesis and the Possible Functions of the Prefrontal Cortex [and Discussion]", *Philosophical Transactions: Biological Sciences* 351(1346), 1996, 1413–1420.

Deci, E. L., & Ryan, R. M., "The "what" and "why" of goal pursuits: Human needs and the self-determination of behavior", *Psychological inquiry* 11(4), 2000, pp.227-268.

Kahneman, D., & Tversky, A, "On the psychology of prediction", *Psychological Review* 80(4), 1973, pp.237–251.

Kahneman, D., & Tversky, A., "On the psychology of prediction",
Psychological Review 80(4), 1973, pp.237–251.

Mitchell, Deborah & Russo, J. & Pennington, Nancy, "Back to the
future: Temporal perspective in the explanation of events", *Journal
of Behavioral Decision Making* 2, 1989, pp.25-38.

Tversky, A., & Kahneman, D., "The framing of decisions and the
psychology of choice", *Science* 211(4481), 1981, pp.453–458.

6장   Batey, M., Hughes, D. J., Crick, L., & Toader, A., "Designing creative
spaces: an experimental examination of the effect of a nature poster
on divergent thinking", *Ergonomics* 64(1), pp.139-146.

Hastorf, A. H., & Cantril, H., "They saw a game; a case study", *The
Journal of Abnormal and Social Psychology* 49(1), 1954, pp.129–
134.

7장   Philip Kitcher, "The division of cognitive labor", *Journal of
Philosophy* 87 (1), 1990.

Webb, N. M., Troper, J. D., & Fall, R., "Constructive activity and
learning in collaborative small groups", *Journal of educational
psychology* 87(3), 1995.

8장   Kirsh, D., & Maglio, P., "On distinguishing epistemic from
pragmatic action", *Cognitive Science* 18(4), 1994, pp.513–549.

깊은 생각의 비밀

초판 1쇄 인쇄 2024년 3월 30일
초판 1쇄 발행 2024년 4월 10일

지은이   김태훈 이윤형
발행인   정수동 이남경
편집   주상미 김유진
본문디자인   홍민지
표지디자인   Yozoh Studio Mongsangso
발행처   저녁달

출판등록   2017년 1월 17일 제2017-000009호
주소   경기도 파주시 회동길 445, 301호
전화   02-599-0625
팩스   02-6442-4625
이메일   book@mongsangso.com
인스타그램   @eveningmoon_book

ISBN   979-11-89217-25-9 03180